历史的碑丛书

文学艺术家卷

伟大的中国古典小说家
曹雪芹

李铁丽 编著

吉林人民出版社

图书在版编目(CIP)数据

伟大的中国古典小说家——曹雪芹 / 李铁丽编著 .

-- 长春：吉林人民出版社，2011.4（2025.4 重印）

（历史的丰碑丛书）

ISBN 978-7-206-07649-7

Ⅰ.①伟… Ⅱ.①李… Ⅲ.①曹雪芹（? ~ 1763）—生平事迹—青年读物②曹雪芹（? ~ 1763）—生平事迹—少年读物 Ⅳ.① K825.6-49

中国版本图书馆 CIP 数据核字 (2011) 第 037468 号

伟大的中国古典小说家　曹雪芹

WEIDA DE ZHONGGUO GUDIAN XIAOSHUOJIA　CAO XUEQIN

编　　著：李铁丽

责任编辑：郝晨宇　　　　　封面设计：孙浩瀚

制　　作：吉林人民出版社图文设计印务中心

吉林人民出版社出版 发行（长春市人民大街7548号　邮政编码:130022）

印　　刷：北京一鑫印务有限责任公司

开　　本：787mm×1092mm　1/16

印　　张：8　　　　　　　字　　数:72千字

标准书号：ISBN 978-7-206-07649-7

版　　次：2011年4月第1版　印　　次：2025年4月第3次印刷

定　　价：35.00 元

编者的话

"欲知大道，必先为史"。

回溯人类的足迹，人们首先看到的总是那些在其各自背景和时点上标志着社会高度和进步里程的伟大人物。他们是历史的丰碑，是后世之鉴。

黑格尔说："无疑，一个时代的杰出个人是特性，一般说来，就反映了这个时代的总的精神。"普希金说："跟随伟大人物的思想是一门引人入胜的科学。"

以史为鉴，面向未来。作为21世纪的继往开来者，我们觉得，在知史基础上具有宽广的知识结构、开阔的胸襟和敏锐的洞察力应是首要的素质要求，而在历史的大背景中追寻丰碑人物的思想、风范和足迹，应是知史的捷径。

考虑到现代人时间的宝贵，我们期盼以尽量精短的篇幅容纳尽量丰富的信息，展现尽量宏大的历史画卷和历史规律。为此，我们编撰了这套丛书。

编撰丛书的过程，也是纵览历代风云、伴随伟人心路、吸收历史营养的过程。沉心于书页，我们随处感受着各历史时期伟大人物所体现的推动历史进步的人类征服力量。我们随着伟人命运及事业的坎坷与辉煌而悲喜，为他们思想的深邃精湛、行为的大气脱俗而会意感慨、拍案叫绝。

然而，在思想开始远游和精神获得享受的同时，我们也随之感受到历史脚步的沉重和历史过程的曲折。社会每前进一步都是艰难的，都伴随着巨大的痛苦和付出。历史的伟大在于它最终走向进步，最终在血污中诞生了鲜活的"婴孩"。

历史有继承性和局限性，不能凭空创造。伟人也有血肉，他们的思想、行为因此注定了同样具有历史的局限性和阶级的、时代的烙印；他们的功业建立于千千万万广大人民群众伟大创造的基础上。历史是人民群众创造的，伟大的人物们是历史和时代造就的。同时，我们也无法否定此间他们个人的努力。这也正是我们编撰这套丛书的目的。

我们期盼着这套丛书得到社会的认同，对读者，特别是青少年读者之历史感、成就感和使命感的培养有所裨益。史海浩瀚，群星璀璨。我们以对广大青少年读者负责的精神，精心遴选，以助力青少年成长进步，集结出版了《历史的丰碑》系列丛书，敬请读者批评、指正。

历史的丰碑丛书

翻阅中外文学史，我们可以发现：伟大的作家很多，但只留下一部著作，便形成了一个学派，影响文学界几百年的人却只有一个——那就是《红楼梦》的作者，伟大的现实主义作家——曹雪芹。

　　曹雪芹用他的血和泪，用他的整个生命，挥扫如椽巨笔，增删十载，创造出了傲立千古的《红楼梦》。

　　曹雪芹是中国文学史上最伟大也是最复杂的作家，《红楼梦》也是中国文学史上最伟大而又最复杂的作品。《红楼梦》在文学史上的价值，不仅是中国的，而且是世界的。

目　录

历史的丰碑丛书

应时而生霑富贵

> 卓越者所创造的卓越成就和他所处的时代紧密相连；然而，最卓越的也常常是最难被理解的。
>
> ——作者题记

大约在康熙五十四年（公元1715年）的四五月间，南京城到处繁花似锦，莺歌燕舞，彩蝶纷飞。这一天，坐落在利济巷大街的江宁织造府里传出喜讯，全家称贺：马夫人生下一位麟儿，这就是后来人称雪芹公子的《红楼梦》作者，也是我们中华民族的骄傲，世界文学之林中第一流的小说家。

曹雪芹呱呱坠地后，给曹家带来了生机，带来了希望，也冲淡了笼罩在曹家的失却家主的悲哀。

原来曹雪芹是个遗腹子，他的父亲曹颙刚刚过世不久。曹颙是在江宁织造任上过世的，年仅20余岁。曹家世代人丁单薄，雪芹祖父曹寅只生二子，其中一子早夭，没想到曹颙亦少亡。康熙老皇帝感念曹家的功绩，为了使曹家后继有人，传旨将曹寅弟曹荃之子

曹頫过继给曹寅寡妻李氏，继任江宁织造。曹雪芹就是在曹頫继任江宁织造后不久诞生的。

曹寅寡妻李老夫人由于儿子曹颙不幸过世，悲伤过度，大病了一场，已经有一两个月没有出屋门了。自从得了这个孙子以后，心情好了许多，身子骨也慢慢硬朗起来。这一天辰时刚过，她命丫鬟扶着，要到院中走走。老太太要出去走走，自然是丫鬟婆子一大群，前呼后拥，不知不觉来到了"萱瑞堂"。

这"萱瑞堂"三字乃康熙大帝手书，赐给孙太夫人的。

原来这孙太夫人就是第一任江宁织造曹玺的夫人，曹雪芹的曾祖母。她曾是康熙大帝的奶娘，康熙皇帝

←曹雪芹纪念馆

是她亲手抚养带大的。康熙幼年因为"避痘"的缘故，不是在皇宫内长大的，而是随着奶娘孙太夫人等人居住在紫禁城西华门外以北，西筒子河西岸，后来成为福佑寺的曹家的府邸里。

康熙三十八年（公元1699年），康熙大帝南巡就以江宁织造署为行宫。在这里，康熙大帝见到了曾抚养自己长大的老奶娘孙太夫人。那时，孙太夫人已被诰封为"一品夫人"。太夫人牢记君臣见面的礼数，要为康熙行三跪九拜的大礼，康熙用手扶住太夫人，说："你是我家老人，这些繁文缛节都免了罢！"老奶娘孙夫人，这时已是68岁高龄，可依然健朗，康熙帝十分高兴。这时，正值庭中萱花盛开，古人正是以萱喻母，于是康熙帝挥毫泼墨，亲书"萱瑞堂"三个大字赐给了孙太夫人。曹家把它悬挂在内院正厅上，成为曹家显赫家世的历史象征。

李老夫人徘徊在"萱瑞堂"前，不禁感慨万千：想到我曹家原是"包衣"（满语：家奴）出身，能有今天这样的荣华富贵，一家祖孙三代四人任江宁织造。这织造官实际就是皇帝私家派到南方的官员，负责宫里丝绸彩缎，宫女伶人，各种花石珍品的采购和进贡。并负责监督南方的政情、民情，及时向皇帝汇报。所以，这江宁织造官职虽不高，却是皇帝的心腹、亲信。

康熙帝6次南巡有4次都是以织造署为行宫，如果不是霑沐皇恩，怎会有曹家的今天。也是天不该绝我曹家：我儿的遗腹子竟是个麟儿。好吧，我把我孙儿的名字命为曹霑吧。皇恩浩荡，雨露同霑。希望我的霑儿能上感皇恩，下抚黎民，光宗耀祖。

小少爷的诞生，给曹家带来了希望和快乐，李老夫人瞅着孙子，鼻子眼睛全是乐。

老太太吩咐丫鬟："多给奶娘炖点补汤，奶娘吃了，就是我孙子吃了。"又告诉丫鬟婆子："一定好好照顾夫人和孙少爷，不许出一丝一毫差错！"

一晃眼，小曹霑就快过"百日"了。如何给小曹霑过"百岁"，曹頫是颇费了一番心思。大哥曹寅过世还不到一年，太过操办吧不好，可要是不操办吧，还怕马夫人多心。因为自从曹頫奉旨过继给李老夫人当儿子后，按规矩马夫人生的儿子也要过继给曹頫当儿

子。所以，小曹霑要管马夫人叫娘，管曹頫和王夫人叫爸爸妈妈。

　　曹頫和王夫人商量，王夫人说："这事儿得让老太太做主，我们怎么好拿主意呢？"

　　夫妻两个双双来到上房来请示老太太。两人先给老太太请了安，然后说明了来意。

　　老太太沉吟了半晌，说："按说呢，我们家今年是

忌年，不能有什么大操持。可这霑儿的'百日'也是个喜兴事儿，又正好赶上中秋佳节，这么着吧，唱大戏，流水席就免了，把驿宫花园打开，我们自家人，在万春楼摆几桌酒，一来给霑儿过'百岁'，让霑儿感沐一下皇帝的恩泽，那万春楼可是当今皇上驾幸我府时起居的地方，我孙子从小就霑沐皇恩，将来准能成大器。让霑儿在这里抓'百岁'，也想讨个皇上的示下，看将来给我孙子派个什么差事。二来晚上我们就在万春楼赏月，也省了另外的铺陈。"

驿宫花园的桂花，今年开得真茂盛，落下的花儿积得黄红一片，花气香满整个花园。

这夜，晴光万里，碧空如洗，万春楼的供月香案，早已摆好。长香方烛，都是由曹频亲自点着。

案上供的兔爷，金脸绿袍，玉带长靴，足足有4尺多高，塑造的精细，花纹别致，色彩流鲜，头上插着两支真正的野雉翎儿。要知道这个肥头大耳，神气活现的黄泥墩的价钱比10个苏州女孩儿的身价还高呢！

一家老少，吃吃喝喝，不知不觉月亮已升至中天。老夫人先拜了月，然后其他人也都一一拜了月，曹霑由奶娘抱着，也拜了拜，然后老夫人吩咐："都准备好了吧？让我孙子抓'百岁'！"

老管家命人端了几大盘子东西，有笔、墨、纸、

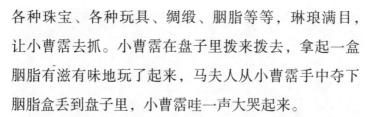

各种珠宝、各种玩具、绸缎、胭脂等等，琳琅满目，让小曹霑去抓。小曹霑在盘子里拨来拨去，拿起一盒胭脂有滋有味地玩了起来，马夫人从小曹霑手中夺下胭脂盒丢到盘子里，小曹霑哇一声大哭起来。

丫鬟赶紧拿来一大堆东西，让他再抓。他拨拉了一通后，又把那个胭脂盒抓了起来。

众人你瞅瞅我，我瞧瞧你，谁也没言语。

老夫人长叹了一口气，说："唉！这孩子将来怕是有罪遭了！"

小曹霑的这一举动，确实是让老太太伤心又担心。本来曹家人丁单薄，老太太对爱子曹颙的遗腹子是寄予厚望的，希望他能科举中第，光耀门庭。没想到这

小曹霑小小年纪就对诗书笔砚、金银珠宝没兴趣，如何能够继承曹家的衣钵呢？

老太太是越想越心烦，胡乱地吃了两个果子，就吩咐贴身的丫鬟说："我有点累了，咱们先回房休息吧！"又回过头来吩咐曹頫，"你们随意玩吧！"

老太太这一走，大家也都没了兴致，不到二更天，就都回房休息了。

经过"抓百岁"这件事后，老太太的心里堵得慌。虽然每天丫鬟婆子为老太太炖参汤，煨燕窝补养身子，老太太还是觉得恹恹的，提不起精神。

一天早晨，老太太兴致却好起来，说自己昨儿夜里做了一个好梦。

丫鬟忙笑着说："老祖宗的梦准灵。说来听听，让奴

才们也和您老人家一块儿高兴高兴，沾沾喜气儿。”

老夫人说："梦见平郡王打了胜仗，陪着十四王子班师回朝了。"

丫鬟忙说道："这下好了，王爷回朝了，福晋也该回娘家探望老太太了。"

李老夫人的女儿嫁于平郡王纳尔苏已经好多年了，由于王府戒律多，难得回娘家来一次。这一晃又有两年多没有看到女儿了。老夫人叹了口气，说："唉！梦是心中想，哪有那样的巧事？"

丫鬟说："准是个好兆头，这一天快来了，所以老太太才会梦见。"

老夫人说："托主龙恩，但愿如此。"

主仆二人正说着话，忽听使唤丫头来报："北京平郡王府派人报喜来了。"

老太太听了，赶紧吩咐："到'萱瑞堂'见客!"

老太太在丫鬟婆子的簇拥下，来到"萱瑞堂"，王府来的差人赶紧施礼，并递上一封信。

老太太接过信后，展开来看，不禁脸上笑得一朵花似的，并连声说："应了梦了，应了梦了。王爷打了胜仗，皇帝爷给王爷加官晋爵。"

全家上下，一块儿给老太太道喜，正说着。忽听外面高喊："圣旨到!"

原来是康熙老皇帝体恤曹家三代人对皇室的忠心，命曹頫在继任江宁织造之外，兼任两淮盐政。

康熙的这一举措可谓用心良苦，就是让曹家用盐政的银两来弥补织造任上的亏空。因为康熙帝心里明

白，这亏空绝大部分是亏在了"南巡"上。康熙帝一生的南巡，曹氏一家接驾4次。如果算上曹寅和他内兄李煦在南京、扬州、苏州三地分别接驾4次来算，那就等于一处的12次。接驾一次已经不得了了，12次，简直是令人难以想象的情况！

为了接驾，曹李两家的银子花得流水似的。虽说是皇帝的钱用在了皇帝的身上，摆的是皇家的排场，挣的是皇帝的面子，但曹李两家在职任公款上却陷入了惊人的亏空债累中。有史料记载说亏空了32万两白银。

康熙的这道圣旨，正是曲意破格，想方设法帮助他们填补亏空。

曹家岂能不理解皇帝的这番苦心，全府上下山呼万岁，感激涕零。

相关链接
XIANGGUAN LIANJIE

鲁迅点评《红楼梦》

《红楼梦》所叙为石头城中——未必是今之南京——贾府的事情。其主要者为荣国府的贾政生子宝玉，聪明过人，而绝爱异性；贾府中实亦多好女子，主从之外，亲戚也多，如黛玉、宝钗等，皆来寄寓，史湘云亦常来。而宝玉与黛玉爱最深；后来政为宝玉娶妇，却迎了宝钗，黛玉知道以后，吐血死了。宝玉亦郁郁不乐，悲叹成病。其后宁国府的贾赦革职查抄，累及荣府，于是家庭衰落，宝玉竟发了疯，后又忽而改行，中了举人。但不多时，忽又不知所往了。后贾政因葬母路过毗陵，见一人光头赤脚，向他下拜，细看就是宝玉，正欲问话，忽来一僧一道，拉之而去。追之无有，但见白茫茫一片荒野而已。

我们已知道雪芹自己的境遇，很和书中所叙相合。雪芹的祖父、父亲，都做过江宁织造，其家庭之豪华，实和贾府略同；雪芹幼时又是一个佳公子，有似于宝玉；而其后突然穷困，假定是

被抄家或近于这一类事故所致，情理也可通——由此可知《红楼梦》一书，说是大部分为作者自序，实是最为可信的一说。至于说到《红楼梦》的价值，可是在中国的小说中实在是不可多得的。其要点在敢于如实描写，并无讳饰，和从前的小说叙好人完全是好，坏人完全是坏的，大不相同，所以其中所叙的人物，都是真的人物。

总之自有《红楼梦》出来以后，传统的思想和写法都打破了——它那文章的旖旎和缠绵，倒还是其次的事。但是反对者却很多，以为将给青年以不好的影响。这就因中国人看小说，不能用赏鉴的态度去欣赏它，却自己钻入书中，硬去充一个其中的角色。

所以青年看《红楼梦》，便以宝玉、黛玉自居；而年老人看去，又多占据了贾政管束宝玉的身份，满心是利害的打算，别的什么也看不见了。

——《中国小说的历史的变迁》

怜惜穷人劝太君

每个人所做的每一件事，不管他是有意还是无意，都是在书写自己的历史。

——作者题记

曹府又称"汉府"，是明朝汉王朱高煦（永乐皇帝的儿子）的府第。自从曹玺被派到江南任江宁织造后，就居住在这里。经过曹玺、曹寅几十年的经营，曹府已成为江南屈指可数的豪门巨宅。

织造府的桂花林子早已开过，但枝叶好像还留有余香。今年冬天特别暖和，树木都未脱叶，绿色盎然，树影婆娑，使这江南的冬天充满了生机。

一天，曹霑练罢剑术，正要回府给老太太请安，迎面碰见老庄头乌衣。以前老乌衣看见曹霑，总要老远就打招呼。这次不但没打招呼，好像还在抹眼泪。小曹霑好生奇怪，跑过去拉着乌衣的衣角问道："乌大爷，您怎么啦？"

乌衣一看是小曹霑，赶紧用袖头抹抹眼睛说："是霑爷，没怎么，是沙子迷了眼。"

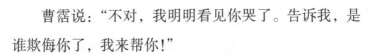

曹霑说："不对，我明明看见你哭了。告诉我，是谁欺侮你了，我来帮你！"

唬得乌衣忙说："霑爷，真的没人欺侮我，你赶紧回府吧！我要走了。"

曹霑拽住乌衣说："你不告诉我，我就不让你走！"

两个随身小厮见状，对乌衣说："你就告诉小爷嘛！没准我们小爷真能帮你呢！"

老乌衣听了两个小厮的话后，长叹了一声："唉！告诉您也没用，既然小爷问，我就告诉您吧！今年我们那里年成不好，从3月下雨，一直下到8月，竟没有一连晴过5天的，到9月又下了一场碗口大的雹子，方圆一千三五百里内，连牲口带人，死伤了上千上万。

所以今年上缴府里的年货就少了。老太太说我是和她玩花活，骂了我一顿，让我回去补齐。唉！连饱饭都没得吃了，我可拿什么补哇！"

曹霑说："把单子拿给我看看！"

乌衣把一篇账目单子递给了曹霑，只见上面写着："大鹿30只，獐子50只，狍子50只，暹猪20个，汤猪20个，龙猪20个，家猪20个，家猎猪20个，野羊20个，青羊20个，家汤羊20个，家凤羊20个，鲟鳇鱼20个，各色杂鱼200斤，活鸡、鸭、鹅各200只，野鸡兔子各200对，熊掌20对，鹿筋20斤，海参50斤，鹿舌50条，大对虾50对，干虾200斤，柴炭30000斤，御田胭脂米2石……"

看到这里，曹霑不往下看了，说："这么多东西还嫌少哇？走，乌大爷，我去和奶奶说说，这些足够了！"

老乌衣赶紧作揖说："我们都知道霑爷心眼好，你的好心老乌衣领了，可千万不能去和老祖宗说，万一落下个在主子面前传话的罪名，老乌衣可担待不起。我这里先谢谢霑爷啦！"

说着抽身要走。曹霑一把拽住他，说："你先在大门外候着，这事儿有我呢，和你没一点干系。"

并让一个小厮看住乌衣，不让他走开。然后，一

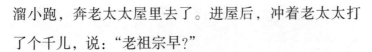

溜小跑，奔老太太屋里去了。进屋后，冲着老太太打了个千儿，说："老祖宗早？"

老太太乐得头上的凤钗直颤，拉着孙儿的手说："看看我的孙子多孝顺，早晨练完武，连衣服都没换就来请安了。快让奶奶看看，累不累？"

曹霑仰起红扑扑的小脸，冲老太太一笑，说："不累。"

老太太说："快去把衣服换了，吃了早饭，该上课去了。"

曹霑说声："知道了。"就是不动地方。

老太太一见他这小模样，就知道他又要使小心眼，就笑眯眯地说："说吧，又想要什么东西？"

　　小曹霑半天没言语，忽然转过身来"扑通"跪在老太太脚下，眼里含着泪花，说："奶奶，孩儿今有一事相求，请奶奶答应，奶奶要是不答应，孩儿就不起来！"

　　唬得老太太赶忙从炕上下来，双手拉起了曹霑，说："我的小祖宗，有话尽管说，奶奶什么都答应你。"

　　曹霑说："刚才，孙儿在桂花林哪儿练武，看见一个人拿着绳子要寻短见，我赶紧让小厮去把他拦下了，一看竟是老庄头乌衣。问他为何寻短见？他说：'今年年成不好，给主家送来的东西太少了，对不起主家，回去再向庄户们收，庄户们恐怕连年都过不去了，与其这样两头遭罪，不如一死了之。'我对他说：'再怎么着也不能死呀！'奶奶，您老人家不常说：'救人一

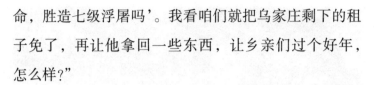

命，胜造七级浮屠吗'。我看咱们就把乌家庄剩下的租子免了，再让他拿回一些东西，让乡亲们过个好年，怎么样？"

老太太一听是这事儿，把脸阴下了，说："小孩子家，不要管大人的事。你不懂他们这些庄户人家，今年免了，明年还想比今年少缴，这样一年比一年少，咱们吃什么？用什么？"

曹霑说："他们不是今年遭灾了嘛！"

老太太说："谁知道他们是真遭灾还是假遭灾。"

曹霑见老太太不答应，一屈膝又要跪下，并说："从明天起，我的月历钱和消夜钱，都省下，如果老太太再不答应，我就不起来！"

老太太忙不迭地说："我的小祖宗，哪里就差了你省下的这几个钱？我答应你就是了，快起来吧！"

　　同时吩咐老管家，把乌衣带来的米和炭留下一半，剩下的一半让他带回分给庄户们，其余的东西照单全收，并留下话说，如果明年年成好，要把今年欠的补齐了。

　　老乌衣听了传话，进屋来给老太太磕了3个响头，说："谢谢老祖宗的大恩大德，乌家庄的几千口子人给您磕头了。"然后又冲着曹霑一揖长拜，说："小少爷生有一副菩萨心肠，将来准有好报。"

　　小曹霑冲老乌衣挤了挤眼睛，好像完成了一件神圣的任务似的，长吁了一口气，然后对老太太说："奶奶，我去上课去了。"

　　屋里服侍曹霑的丫鬟们等了半个时辰，还不见小爷回房，又不见厨房送饭来。到厨房一问才知道，厨

子在送饭来的半道上碰上小爷，拿了点儿点心就跑了。

两个丫鬟一听，赶紧去找。两个人找了大半个曹府，也没见到曹霑的影儿。

忽然一个丫鬟说："呀！我想起来了，能不能到老太爷的藏书房去，以前，他就常到那里借书看。"两人飞快地往曹寅的藏书房跑去。

曹雪芹的爷爷曹寅是江南著名才俊，琴棋书画样样精通。曹寅最好读书，也最好藏书，书房里插架万签，琳琅四壁。曹霑自从入塾从师以来，对老师讲的四书五经八股文章无论如何也提不起兴趣，而爷爷的藏书却深深地吸引了他，抽空就往书房里跑，每日里杂学旁收，正是早早地就种下了《红楼梦》的"夙因"。

老乌衣的事儿得到了解决以后，小曹霑觉得是完成了一件英雄壮举。所以今天心情特别好,一想到学堂里那拗口的四书五经就头痛,反正爹爹远在京城,鞭长莫及,何不趁此机会快活几天。便三脚两步地径直来到了曹寅的藏书房。

本来老太爷的藏书房是不许擅入的,怎奈管理藏书房的老家人是太喜欢曹霑了。这老家人原是老太爷的一个书童,一辈子跟着老太爷,老太爷过世后,就让他去管理老太爷的书房。小曹霑长的几乎和老太爷小的时候一模一样。那聪慧劲儿,那精气神儿,也像极了老太爷。尤其那一卷在握,心无旁骛,看到高兴处,就摇晃着小脑袋吟唱几句的小模样,真是喜煞了人儿。

两个丫鬟径直来到藏书房,看见老家人正手里端着紫砂茶壶,坐在台阶前的椅子上晒太阳。一看这架

势就知道小爷一定在里面，就径直往屋里走。

老家人来不及阻拦，两个人已经进屋了。一看曹霑捧着一本书正读得津津有味，连两个丫鬟到了跟前都不知道。丫鬟到曹霑手上去拿书，倒把曹霑吓了一跳，一看是两个丫头，说："原来是你们两个，吓了我一跳。"

丫鬟说："小爷看的什么书？这么入迷。"

曹霑说："《西游记》，听说过吗？"

丫鬟说："不就是讲一个猴子的事儿吗？还以为你来这里读有用的书呢？原来竟看些闲书，看我不告诉老爷去。"

曹霑连忙说："好姐姐，我再也不看了还不行吗？"

老家人也赶忙说："两位姐姐，这可使不得！你们要是捅到老爷那里，我这老脸可往哪儿搁，只有跳井的份儿了。"

丫鬟说："你也是，我们原以为你是跟过老太爷的，能给小爷找一些上进的书读，哪知你竟给小爷拿这种书看！"

老家人说："冤枉啊！你看我给小爷找的书，都在这儿呢，他准是看累了，找本闲书歇会儿。"

丫鬟说："好吧，就饶了你们这一次，下次要是让我看见你再看闲书，看我不告诉老爷才怪。"

三个人边说话边离开了藏书房，一进院口，看见老太太屋里的大丫头正在院口里徘徊。他们一进来，大丫鬟说："你们可回来了，快跟我去见老太太。"

　　一句话把3个人都吓傻了，以为老太太知道了这件事儿，曹霑说："姐姐，老太太要怎么处分我？"

　　丫鬟愣了，说："小祖宗，处分什么呀？是北京王府来人接你，让你上北京陪福彭小王爷读书去。老太太这就让你过去见见王府来接你的人，过几天就要上路了。"

　　曹霑一听，一跳八个高儿，飞也似的往老太太的屋里跑去。

《红楼梦》的各种抄本

1. 戚蓼生序《石头记》简称戚序本，八十回，1912年上海有正书局石印，其底本前四十回已发现，今藏上海图书馆。

2. 《脂砚斋重评石头记》（甲戌本）简称甲戌本，残存十六回，1927年胡适收藏，原为大兴刘铨福藏。此本现存美国康奈尔大学图书馆。

3. 《脂砚斋重评石头记》（己卯本）简称己卯本，残存三十八回，后又得三回又两个半回，现共有四十一回又两个半回。原为董康所藏，后归陶洙，现由北京图书馆入藏。新发现的三回又两个半回，则仍由原发现单位历史博物馆收藏。

4. 《脂砚斋重评石头记》（庚辰本）简称庚辰本，七十八回，1932年由徐星曙购得，现藏北京大学图书馆。

5. 戚蓼生序《石头记》（南京图书馆藏本）简称戚宁本，八十回，南京图书馆旧藏。

6. 梦觉主人序《红楼梦》简称甲辰本，八十回，1953年发现于山西，现藏北京图书馆。

7. 乾隆抄本百廿回《红楼梦稿》简称梦稿本，一百二十回，1959年春发现，现藏中国科学院文学研究所图书馆。

8. 蒙古王府藏《石头记》简称蒙府本，原八十回，钞配成一百二十回，1960年发现，现藏北京图书馆。

9. 舒元炜序《红楼梦》简称舒序本，残存四十回，吴晓铃旧藏，朱南铣有影抄本，藏北京图书馆。

10 郑振铎藏抄本《红楼梦》简称郑藏本，残存二十三、二十四两回，郑振铎旧藏，现藏北京图书馆。

11. 扬州靖氏藏抄本《石头记》简称靖藏本，八十回，靖应鹍旧藏，已佚。

12. 列宁格勒东方学研究所藏抄本《石头记》简称列藏本，八十回，缺五、六两回，实存七十八回，苏联科学院东方学研究所列宁格勒分所旧藏。

伴读王府试锋芒

常言道：背靠大树好乘凉。可是有朝一日，树倒了呢？那恐怕就是树倒猢狲散了。亦如《红楼梦》所说："一损俱损，一荣俱荣"了。
　　　　　　　　　　　　——作者题记

平郡王府派来接曹霑的是管事太监来旺，这时来旺正坐在萱瑞堂和老夫人拉着闲话。门帘响处，只见一位英俊少年进得屋来。

来旺一看来人的模样和打扮，就知道是谁了，赶紧站起来说："这想必就是霑公子吧？"

老夫人对曹霑说："霑哥儿，快来见过王府里来公公。"

曹霑向来旺施了一礼，说："来公公好？"

来旺赶忙弯下腰扶住曹霑，并连说："霑公子免礼！"

又堆着一脸笑，对老太太说："霑公子真是少年英俊，怪不得福晋总是念叨呢。霑公子这一去，可能是一时半会儿回不来，可不是要想煞了老夫人嘛！"

老夫人拉着曹霑的手，长叹了一口气，说："谁说不是呢？这孩子一天都没离开过我。只怕是没等他回来，我就想死喽！"

小曹霑一听老太太这么说，一看老太太眼里好像还有泪珠在闪动，就挺认真地对老太太说："奶奶，我也舍不得您，北京姑姑那里您就回了吧，我不去了。"

老太太忙说："噢哟哟！那可使不得！奶奶是逗着你玩儿呢。可千万不能辜负了姑姑的一番苦心，姑姑是想从小就栽培你，让你见见世面，将来也好做大事。早走晚走都是走，我看三两天就上路吧。来旺，你看怎么样？"

来旺说:"奴才正是这个意思,离开京城时,福晋也嘱咐奴才,早去早回。"

五天后,一行七人离开南京,向北京去了。

平郡王纳尔苏,是曹寅的乘龙快婿,此时正随着十四皇子允禵远征西宁。

曹霑一行七人,走了大约半个月,才来到王府。

曹霑是第一次到王府来,只觉得王府里什么都大一号。好像不管修造什么大小东西,都是要万年牢。即使是雕刻着极精细花纹的桌子、椅子也是沉重得很,根本不用想去搬动它,和南京自己府里的精巧别致有着明显的不同。

平郡王府宫门前是大照壁,照壁全是磨砖对缝的。四周琉璃瓦镶沿,中间嵌着"迎祥"两个大字。

雁翅大门，两边门垛上都刻着花，一边是松鹿长春，一边是鹤寿延年。

中间是甬道，两边是花坛，盛开的蜡梅花争奇斗艳，为这隆冬的北京增添了几许新鲜。

进入月洞门，便有一垛太湖石，再进去，便各有一个小角门各通一个跨院，每个跨院又是好几套房子。

值事太监直接领着曹霑去见王妃。过去曹霑感觉到老祖母的屋子装饰得够豪华的了，到了王妃的屋子后，才理解什么叫富丽堂皇、什么叫金碧辉煌。王妃更是雍容华贵。曹霑见过王妃后，王妃自是一番嘘寒问暖。然后派人去请长公子福彭。

平郡王的长公子福彭，今年大约十三四岁。按封建时代的继承顺序，将来，他当然就是平郡王位的继承者。福彭长得身高体魁，文武双全，在京城的王孙公子中名气不小。福晋这次把曹霑接到北京王府和福彭伴读，就是想让他们从小厮熟，将来长大了，彼此也好有个照应。

王妃为了让福彭和曹霑好好用功，为他们聘请了当世名儒江松筠老先生。江松筠老先生受王爷和福晋的重托，严格要求福彭世子和曹公子。幸喜福彭和曹霑都是聪明透顶之人，一点就通。老师留的功课，都能对答如流，有时还有独到见解。

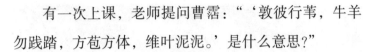

　　有一次上课，老师提问曹霑："'敦彼行苇，牛羊勿践踏，方苞方体，维叶泥泥。'是什么意思?"

　　曹霑不假思索地回答："仁也!"

　　江老先生又问："怎么见得是仁的意思呢?"

　　曹霑道："回老师，路旁的芦苇柔弱的，牛羊走过来，都不忍践踏它，好使它任情生长。合情即是仁。所以我说是仁的意思。"

　　答到这里，曹霑一下子想起了老乌衣的事，还有太太房里丢了一枚金钗，逼得丫鬟投井的事儿。曹霑想：连畜生尚且有仁心，不忍心践踏路边的小草，让它们尽情地生长，为什么有的人竟然缺乏这种仁心? 想到这里，曹霑顿觉如鲠在喉，不吐不快，于是接着说："为官不体恤百姓，就是为官不仁，为富不怜惜穷人，就是为富不

仁，如此不仁不义之人连畜生都不如！"

江老先生听了曹霑的一番话，顿觉耳目一新，想这王公贵族子弟，竟有此等平民意识，实在难得。于是，拈着银须点了点头，说："汝子可教。"

旗人重武功，平郡王尤甚之。他积几十年的经验，深深懂得：不管天皇贵胄，还是开国元勋，如果后人不是武把子出身，金装玉食的希望就会越来越小。他对儿辈们的武功抓得很紧，不惜重金礼聘宅内外名师，教练诸子。纳尔苏公务闲暇时，更是亲临教场指点。

这一次，平郡王趁着回北京向康熙皇帝汇报西北军情的机会，决定考考福彭和曹霑。科目是骑马射飞碟。就是一个人骑着飞驰的快马，向不同的方向接连

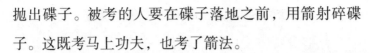

抛出碟子。被考的人要在碟子落地之前，用箭射碎碟子。这既考马上功夫，也考了箭法。

福彭第一个出场，一个武僮骑在马上，胸前的兜子里装着碟子，他一路飞奔，碟子呈抛物线状"刷、刷、刷"地从他手中飞出。福彭距武僮大约一二十米处紧紧跟随，在碟子将要下落时，福彭就一箭击碎，只听"咔、咔、咔"的碟子破碎声，破碎的碟子便如天女散花一样从空中落下。引得周围一片喝彩。

曹霑见福彭得了头彩，便觉精神百倍。他要求平郡王把射碟子改成射铜钱，并一次抛3枚，因为铜钱的目标小，自然骑射的难度就更大。平郡王想要看看

曹霑的本事到底有多大，就同意了他的要求。

曹霑身着一袭白袍，骑着一匹白马，距武僮几丈之遥的地方紧紧跟随，武僮一次抛出三枚铜钱，曹霑连取三枝箭，一口气射出，三支箭统统穿入三枚铜钱的洞里。周围人高声喊绝，齐声夸赞："小小年纪，本领如此不凡，真不愧是曹家的后代！"

由于二位小爷的功课出色，上上下下都宠着他们，他们也就比较的自由自在，随心所欲，真是要风得风，要雨得雨。下课后，放风筝，养蟋蟀，斗鹌鹑，射靶踢球，飞丸打弹，架鹰驯狗……这时的曹霑确实是过了一段快乐而又无忧无虑的日子。

好景不长，曹霑来到王府一年左右的时间，康熙老皇帝在圆明园的畅春园晏驾了。

由于康熙帝在立太子问题上反复无常，立而废，废而又立，所以在康熙末年，统治集团内部斗争异常激烈。皇子们明争暗斗的结果是四皇子允禛以阴险暴虐的手段获得全胜，登上了皇帝的宝座，这就是雍正皇帝。

雍正登基以后的第一件事，就是整治敌党，排除异己。诛杀、幽闭、流放、抄家，多管齐下，无所不用其极。他的最大异己就是他的兄弟手足，而兄弟手足中的头号敌人就是十四皇子允禵。康熙废了允禵乃

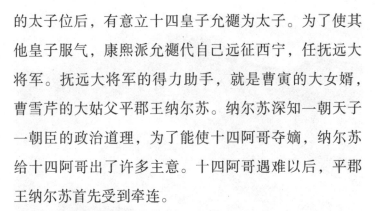

的太子位后，有意立十四皇子允禵为太子。为了使其他皇子服气，康熙派允禵代自己远征西宁，任抚远大将军。抚远大将军的得力助手，就是曹寅的大女婿，曹雪芹的大姑父平郡王纳尔苏。纳尔苏深知一朝天子一朝臣的政治道理，为了能使十四阿哥夺嫡，纳尔苏给十四阿哥出了许多主意。十四阿哥遇难以后，平郡王纳尔苏首先受到牵连。

为了避免牵连上曹霑，王妃赶忙差人把曹霑送回南京老家。曹霑无忧无虑的伴读生涯从此结束了。

雍正为了显得自己是英明君主，提出"治腐吏，查亏空。"清代的官吏，从上到下，从远到近，查不出几个不贪的。查贪官是手段，排除异己是目的。只要是异己就查，一查一个准儿。曹家正是在这样的时代

背景下，遭到了致命的打击。

雍正登基不到一年，曹寅的妻兄李煦就被抄家，罢官。李煦被孤身流往"打牲乌拉"（今吉林乌拉街）苦寒之地，缺衣少食，两年后因冻饿折磨病死。这对曹家不啻当头一棒，就像《红楼梦》中江南甄府被抄实是贾府被抄的先兆一样。

当雍正二年正月初七日，曹頫题奏，表示要用3年的时间填补织造府的亏空时，雍正严厉地批道："只要心口相应，若果能如此，大造化人了。"

一个金口玉牙的皇帝，在臣子的奏折中，竟用这种充满讽刺的口气批奏，里面就已经对曹頫暗藏了杀机。

果然，大约又过了两三年，曹家终于大难临头了。雍正以曹頫窝藏"塞思黑"的一对镀金狮子为理由下令：罢免曹頫的织造官职，查封家产。"塞思黑"就是

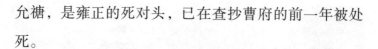

允禟，是雍正的死对头，已在查抄曹府的前一年被处死。

这一天，曹霑正在爷爷的藏书房翻阅爷爷的《楝亭诗抄》。忽然一阵清风吹来，吹落了夹叶中的一片纸，曹霑捡起来一看，正是爷爷的手迹，用毛笔小楷写着两句表面上毫无联系的话"大有大的难处。树倒猢狲散。"底下还有时间，曹霑一看那时间，正是康熙帝第三次南巡临幸曹府的日子。曹霑从这两句话中感觉到爷爷似有什么难言的苦衷或者预感到了什么。正在曹霑仔细琢磨爷爷这两句话的深刻内涵时，一个小厮慌慌张张地跑来，对曹霑说："小爷，可不好了，家里出了大事了。京城来了个钦差，萱瑞堂里跪了一大片。"

曹霑听得此话，赶紧放下书本，径往萱瑞堂奔去。到了萱瑞堂，只见老夫人、老爷、夫人等跪了一地，一个钦差模样的人，拿着圣旨正在宣读："圣天承运，皇帝诏曰：江宁织造曹頫，行为不端，织造款项亏空甚多，朕屡次施恩宽限，令其赔补，伊倘感激成全之恩，理应尽心效力；然伊不但不感恩图报，反而将家中财物暗移它处，企图隐蔽，有违朕恩，甚属可恶！"然后下令逮捕曹頫，查抄家产，所抄家产及仆众一律充公。

差役们听得一声令下，一窝蜂似的四处搜查。过去他们见了曹家人总是点头哈腰，如今却是趾高气扬，如狼似虎，金银珠宝，绫纲绸缎，桌椅柜橱，见啥拿啥。偌大个江宁织造府，不到一个时辰，便被抄检一

空。有的家人也乘机把细软往身上藏掖，有的甚至乘人不备，裹挟逃跑了。

老夫人活了这么大年纪，哪见过这个场面，一想到几辈子的家业就这么完了，不禁悲从中来，号啕大哭，竟背过气去，口吐白沫，不省人事。

曹霑一下子扑过去，摇着奶奶哭喊道："奶奶，您醒醒！爷爷去了，还有父亲和我。钱财都是身外之物，身体要紧，千万不可愁坏了身子。"

其他人有喊妈的，有喊老太太的，七手八脚地把老夫人抬到床上，请来医生，在人中处扎了一针，老太太才慢慢地缓醒过来。她紧抓住一步没离开奶奶的曹霑的手，气喘吁吁地说："霑儿，我们曹家的希望都寄托在你的身上了，你可一定要争气啊！"

曹霑紧抿着嘴唇，什么也没说，只是深深地点了点头。

这场大劫难，使曹霑幼小的心灵受到极大的震荡。他开始明白了爷爷曹寅"树倒猢狲散"这句异常之语的深刻内涵。天下没有不散的筵席，大概爷爷早就预见到了曹家会有今天。那么曹家为什么会走到今天这步呢？他开始思考这个问题，并力图追寻这个答案。

是因为父亲曹頫"行为不端"贪污公款吗？还是因为北京王爷府的事儿牵连到曹家？抑或是曹家得罪了当今哪位要人？或许都是，或许都不是。

从此，无忧无虑的天真活泼的曹霑眼神中多了几许忧愁，而更多的是深邃的思索。

　　这时，曹家的一些显亲贵戚均落得个相同下场。正像《红楼梦》第四回，借护官符说出贾、史、王、薛四大家族一损俱损，一荣俱荣。如不是感同身受，作者是断乎写不出如此深刻的话来的。

　　我们也可以肯定地说：曹霑此时的思索，为他日后撰写旷世奇书《红楼梦》打下了的思想基础。

　　曹家的老宅被抄家没产后，只在北京给他们留了少许房屋。不得已曹家举家于雍正六年从南京迁到北京。从此结束了钟鸣鼎食的繁华生活。曹霑当时13岁左右。

相关链接
XIANGGUAN LIANJIE

高　鹗

　　高鹗（约1738—约1815），清代文学家。字兰墅，一字云士。因酷爱小说《红楼梦》，别号"红楼外史"。汉军镶黄旗内务府人。祖籍铁岭（今属辽宁），先世清初即寓居北京。

　　高鹗少年时喜冶游，中年一度在外课馆。熟谙经史，工于八股文，诗词、小说、戏曲、绘画及金石之学亦颇通晓。诗宗盛唐，词风近于花间派，论文则"辞必端其本，修之乃立诚"，强调以意为主。他热衷仕进，累试不第，乾隆五十三年(1788)，始为顺天乡试举人。六十年进士。历官内阁中书，内阁侍读。嘉庆六年(1801)为顺天乡试同考官。十四年，由侍读选江南道监察御史。十八年，升刑科给事中。在任以"操守谨、政事勤、才具长"见称。晚年家贫官冷，两袖清风。所以虽著作如林，却多未及问世而赍志以终。

　　高鹗的文艺作品很多，除续红楼外，主要是诗、词。也有一些散文。传世之作见有《兰墅诗

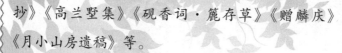

抄》《高兰墅集》《砚香词·簏存草》《赠麟庆》《月小山房遗稿》等。

清代乾隆五十六年萃文书屋活字印本《红楼梦》(程甲本)序据张问陶《船山诗草·赠高兰墅鹗同年》诗自注说："传奇《红楼梦》80回以后，俱兰墅所补。"并有"侠气君能空紫塞，艳情人自说《红楼》"之句。一般认为长篇小说《红楼梦》的后四十回是高鹗所续。

《红楼梦》问世时文字狱还在盛行，要订正、续写暗喻清王朝败亡的《红楼梦》，谈何容易？高鹗冲破了所有艰险，凭着非凡的才智与执着，以及对曹雪芹《石头记》的透彻理解，进行了创造性续写。并且借助他人之力——同窗挚友、曹雪芹的友人、皇室中人，尤其是巨贪和珅的力保，最终使《红楼梦》问世！

《红楼梦》后四十回续书，无论在思想上还是在艺术上都稍微有些不如曹雪芹所著前八十回。但其最大贡献在于能遵循曹雪芹的很多语言结构说话技巧，大体完成全书的整体结构，使故事首尾完整，因而使《红楼梦》得以迅速广泛地流传开来。

古今无双不肖子

生活是一部无字的书。它对人们的教育
作用，胜过书上的字。从生活中领会到的要
比从书本中领会到的深刻千百倍。
　　　　　　　　　　——作者题记

　　这是曹霑第二次上北京。

　　第一次是到王府去做伴读，不但有王府的人陪着，还有家人的呵护，各地大小官员的远接近迎，一路吃喝不愁，还可以游山玩水。这次是一家大小几十号子人，无人管无人问，风餐露宿，忍饥挨饿，足足走了将近一个月，好不容易才挨到北京城。在留给他们的旧宅中落下了脚。

　　一家人从南京迁到北京后，生活境况是一落千丈。曹家盛时，一顿饭所花的银子就是一个小康人家一年的用度。

　　看过《红楼梦》的人大概都能记得：初到大观园的刘姥姥看见贾府的人吃螃蟹，给贾府算了一笔螃蟹账。刘姥姥说："这样的螃蟹，今年就值5分（银子）

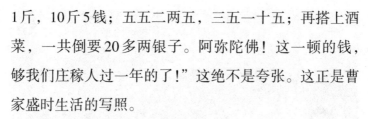

1斤，10斤5钱；五五二两五，三五一十五；再搭上酒菜，一共倒要20多两银子。阿弥陀佛！这一顿的钱，够我们庄稼人过一年的了！"这绝不是夸张。这正是曹家盛时生活的写照。

后来这种生活一去不复返了，有时甚至吃不饱肚子。曹雪芹初次尝到了挨饿的滋味。再加上他们是罪臣的家属，还要时不时地受到各级各类大小官员的滋意骚扰。

这一天，曹霑正陪着奶奶坐在院中乘凉。老夫人的身体已大不如前了。眼睛已经快看不见东西了。这时，忽然闯进来三四个如狼似虎的差人，高声喊："曹頫出来训话！"

曹颛忙不迭地从屋里出来，垂手侍立。

一个小官模样的人装腔作势地问道："曹颛，你昨天晚上到哪里去了？"

曹颛说："回官爷，罪臣昨天晚上哪里也没去，就在家里反省来着。"

"上边有话，让你无论到哪里去，都要预先告假，不经允许，不许乱走，听到了吗？"

曹颛赶紧回答："听到了！"

那人又说："走，到屋里看看有什么违禁品没有？"

说着几个人一窝蜂地进了屋胡乱翻了一气，看见厨房有半袋白面，扛起就走，并说："犯罪的人还想吃白面，准不是好道来的，没收充公！"

早已忍无可忍的曹霭抢上去夺差人手里的面，并

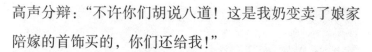

高声分辩："不许你们胡说八道！这是我奶变卖了娘家陪嫁的首饰买的，你们还给我！"

几个差人不由分说，给了曹霑两个嘴巴，并骂道："你个小兔崽子，反了你了！"把曹霑推倒在地扬长而去。

老太太像疯了似的扑向曹霑，抱着霑儿大哭。

曹頫擦去曹霑嘴角的血迹，哽咽着说："儿啊！人在矮檐下，不得不低头，我们就忍了吧！等你将来有个出头之日，帮我们曹家出这口气！"

小曹霑两眼喷着怒火，一个眼泪没掉。晚上躺在床上，第一次失眠了。他回想了自己家以及姑姑家和其他亲戚家的遭遇，不觉感到前途茫然：好好读书又

能怎么样呢？科举中第，当了官，不也是说罢就罢了吗？姑父平郡王南征北战，为朝廷立有殊功，不也是说免就免了吗？舅姥爷李煦连脑袋都没有保住，这官儿还有什么当头？书还有什么读头？他越想越迷茫，越想越觉得前途无望。

迷茫就是觉醒。

惨痛的家庭巨变，震撼了雪芹的心灵。他感觉前途是灰色的，在这个社会中，他找不到自己的位置。于是曹雪芹开始放任自己。有时，他纠集一些志同道合的朋友，饮酒赋诗；有时和那些戏子伶人同台演出，客串角色，引以为乐。

在当时，和这些人交往，是十分不光彩的事。演戏的人在当时被叫作"戏子"，社会地位极低。虽然在清代，不少大富人家都养有戏班子，那只不过是王公贵胄、老爷太太们寻开心的玩物罢了。所以，和他们交往，本身就是为上流社会所不容的事。而曹雪芹不但身杂优伶之中，有时竟然躬自粉墨登场，这简直就是骇人听闻，败坏家门的"丑行"！曹頫岂能不气得"目瞪口呆"，曹頫岂能不痛打曹霑，这些情节虽未见史料，可《红楼梦》中贾政痛打贾宝玉，是不是曹雪芹感同身受的记载，恐怕我们也无法向曹雪芹老先生去求证了。

曹雪芹自幼聪慧，曹家上上下下都认为他将来准能为曹家增光添彩，及至曹頫看到曹雪芹是这样的不争气，打了骂了之后，见他依然如故，交戏子、泡茶馆，五行八作均有来往，有时竟然彻夜不归，不得不采取最后的也是最残酷的措施："其父执某，钥空室中，三年，遂成此书（《红楼梦》）"就是说，某一天，曹頫终于把在外面"放浪"了多日不归的曹雪芹抓住了，把他锁在一个空房子里。这是曹頫管教曹雪芹所能使用的最后一招了，但这也是最残酷的一招——完全失去自由。

皇帝管教那些"不安分"喜欢生事的本家皇室，就常常使用这种惩罚。严重的"高墙圈禁"（实际上就是特种监狱），雍正对与他争皇位的十四阿哥允禵就曾

使用过"高墙圈禁",轻一些的在家单独圈禁,再其次的还有所谓"不许出门",都是严格限制行动自由,和蹲监狱一样。满洲旗人对"不肖"子弟使用这一做法虽不足为怪,但却不是随随便便轻易就用的,只是对那些用其他方式均不奏效的"不肖"子弟不得不使用的最后"绝招"。

从另一个角度也说明:曹頫对曹雪芹还没有最后的绝望。限制他的自由,是杜绝他和那些"下贱"人来往,好好地反躬自省。可以想见那空室里不是真的空,四书、五经、纸、笔、墨是必备的。那么这曹雪芹在这3年里是如何反省自己的呢?他从自己特殊的

身份和经历中，从自己饱经忧患，阅尽沧桑的人情冷
暖中，看到了较大范围的种种世间百相。夜晚，他辗
转反侧，难以入寐，独坐"空室"，面对天上的皎月，
回首自己的经历，他清醒地认识到：在这样的社会里，
他不可能做出什么有意义的事，这是一个压制人才，
压制创造，毫无前途的社会。所以，他更加憎恶这个
社会，决心离经叛道，把自己的遭遇感受写下来，让
世人知道：这社会是多么的不合理！于是做起了让封
建士大夫瞧不起的另一件事——写小说。

自从有了这个打算之后，曹霑就开始构思故事、
收集资料，每天所有的时间，除去吃饭睡觉外，就是
不停地写。

曹頫曾几次派管家到曹霑处去检查。管家回来和
曹頫汇报说："少爷这次可真是收了性了，以前的那种
浮躁没有了，老爷派我去检查几次，每次都看见他在
那闷着头写。"

曹頫听了管家的汇报以后，十分高兴，第二天，
他决定亲自到锁曹霑的房里去看看，如果他真的改邪
归正，就放他出来，参加秋天朝廷组织的秋试。凭曹
霑的聪明才智，只要他肯于下功夫，金榜题名是没有
问题的。

曹頫来到曹霑的窗外，果然看见曹霑一会紧锁眉

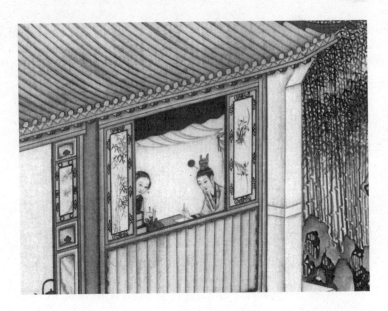

头，冥思苦索，一会奋笔疾书。曹𬱖一见曹霑这么用功，决定不打扰他了，待会再来。

晚饭后，曹𬱖陪着老夫人闲聊了几句，就又信步来到后院，看见曹霑还在写，似乎连姿势都没有改变，桌子上的饭早已凉了，可还一口没动。心想：再用功也不能不吃饭哪，累坏了身子，可不是闹着玩儿的。于是赶忙打开房门进得屋来。

听得门响，曹霑还以为是送饭的丫鬟取碗来了，头也没抬地说："你且回吧，明天一块收拾。"

却听到曹𬱖说："吾儿，先把饭吃了，然后再用功，身子要紧。"曹霑吓了一跳，一边忙乱地收拾桌上的手稿，一边说："孩儿不知爹爹来了，请爹爹原谅。"

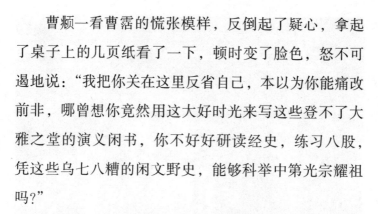

　　曹頫一看曹霑的慌张模样，反倒起了疑心，拿起了桌子上的几页纸看了一下，顿时变了脸色，怒不可遏地说："我把你关在这里反省自己，本以为你能痛改前非，哪曾想你竟然用这大好时光来写这些登不了大雅之堂的演义闲书，你不好好研读经史，练习八股，凭这些乌七八糟的闲文野史，能够科举中第光宗耀祖吗？"

　　曹霑说："爹爹息怒，容孩儿禀告。爹爹标榜的，并也要求孩儿效仿的是文死谏、武死战。谓这二死是大丈夫死名死节。岂不知必定有昏君文方谏，他只顾邀名，猛拼一死，值国君于何地？必定有刀兵武方战，他只顾图汗马之名，值国于何地？孩儿决不做这种沽名钓誉的禄鬼！而这些道理正是孩儿研读经史后悟出来的。"

　　听了曹霑的话，曹頫气得脸色铁青，骂道："你个不争气的东西，我给你讲的那么多正理你都不听，偏偏悟出这些个歪理！我曹家真要败在你手上了！"

　　曹霑说："爹爹此言差矣！要说曹家败落，从你已经开始了。被贬了官，抄了家。但毕竟还保住了性命。想我舅姥爷一生为官，劳劳碌碌，最后连性命都丢了。不是孩儿不想按爹说的办，只是觉得爹为孩儿指的路太危险了！"

　　一席话，差点没把曹頫气背过气去，连说了三声

"你"才把后面的话接上："你……你……你，简直就
是天下无能第一，古今不肖无双的逆子！"说完，登时
口吐白沫，晕厥了过去。

　　吓得曹霑赶紧喊人，大家七手八脚，连掐带扎的
总算把曹頫救醒了。从此以后，曹頫对曹雪芹是彻底
失望了。

　　经过家庭巨变后的曹雪芹，通过长久的苦苦求索，
终于犹凤凰涅槃一样顿悟了：社会的无望，个人的无
望。到了曹雪芹执意要写"小说稗史"时，他也就和
封建统治阶级彻底决裂了。《红楼梦》就是他向封建统
治阶级宣战的宣言书！

脂 砚 斋

　　脂砚斋是《红楼梦》早期抄本的一个批语作者。脂砚斋的批语在红学界称为"脂评"或"脂批"，有脂砚斋批语的抄本被称为"脂本"。但脂砚斋其人是谁？与《红楼梦》的作者是什么关系？迄今未形成一致看法。有人说是曹雪芹的父亲曹頫，也有人说是曹雪芹的妻子史湘云，也有人说是曹雪芹的叔叔。这个说法来自宗室红学家裕瑞，他在《红楼梦》续书评论集《枣窗闲笔》中说："曾见抄本卷额，本本有其叔脂砚斋之批语，引其当年事甚确"。"其叔脂砚斋"，第一次明确了批《红楼梦》者为曹雪芹的叔叔脂砚斋。因裕瑞为满洲人，又距离曹雪芹比较近，其话较为可信。脂砚斋及其《红楼梦》评点，对于《红楼梦》的成书、流传及研究影响很大。他的许多材料与观点，我们至今还在运用。比如，他说"能解者方有辛酸之泪，哭成此书。壬午除夕，书未成，芹为泪尽而逝。余尝哭芹，泪亦待尽"。其中"壬午除夕，书未成，芹为泪尽而逝"基本上成为曹雪芹逝世时间的定论。又如"句句是耳闻目睹者，并非杜撰而有。作者予余红楼梦图书图片(15张)，实实经过"；"真有是事，真有是事"；"因命芹溪删去"；"其宝玉之为人，是我辈于书中见而知有此人，实未目曾亲睹者"。这些批语告诉我们，脂砚斋其人与《红楼梦》的作者及其家族应当有着十分密切的关系，许多事情他是与曹雪芹一起目睹的，实实经历的，脂批中往往对作者的创作意图和隐喻进行说明，从一定意义上来说，脂砚斋参与了《红楼梦》的修改、定稿，并为红学的"探佚学"分支提供了最直接、最主要的依据，他的贡献不可低估。

佩刀沽酒称快哉

真挚的友谊，是生活中的一盏明灯。在暗夜中给人们带来光明；在寒冬时给人们带来温暖；在困难时给人们带来希望。

——作者手记

　　曹雪芹是内务府旗人，按照清朝的规矩，他长大后，一定要到宫廷当差做事。虽然曹雪芹多才多艺，但是，由于他是包衣奴隶的家庭出身，又是一个罪臣之子，所以就被派到宗学里做抄写、助理文墨等下手活。

　　清代的宗学，就是专为宗室（清显祖塔克世的本支子孙皇族）所设的官学。凡是王、贝勒、贝子、公将军等级和闲散宗室子弟，18岁以下的都可入宗学读书。

　　曹雪芹是经历过大富大贵的。可到了在宗学当差时，他家已经完全没落了，他家的一些显亲贵戚也已都或流或免。那些宗学学生都是王公贵族子弟，对曹雪芹这样出身的杂项人员，自然是瞧之不起的。曹雪芹不卑不亢，从不逢迎巴结。他的原则是：干好我的分内活，说我自己想说的话，做我自己想做的事；别人怎么看我，那是他的事。

　　虽然被关了 3 年，曹雪芹的性格，脾气依然没有改变：他放荡不羁，潇洒开朗，幽默风趣，傲骨狂形，愤世嫉俗，才智过人。

　　正是这样一位超凡脱俗的宗学杂役深深地吸引了宗学学生敦敏、敦诚兄弟。敦敏，字子明，号懋斋，生于雍正七年，卒于嘉庆元年以后。敦诚，字敬亭，号松堂，别号慵闲子。生于雍正十二年，卒于乾隆五十六年。敦敏、敦诚是同胞兄弟，他们是和硕英亲王阿济格的第五世孙。阿济格是努尔哈赤与大福晋所生的 3 个儿子阿济格、多尔衮和多铎中的一个。后来由于皇室内部的夺权斗争被顺治帝赐死。直到康熙元年，

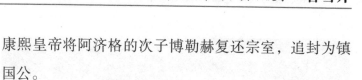

康熙皇帝将阿济格的次子博勒赫复还宗室，追封为镇国公。

敏、诚兄弟的遭遇和曹雪芹有相同之处：同样由于皇室内部的矛盾，受党祸牵连而遭到抄家没籍的残酷迫害；同样有过被鞭挞的惨痛经历；同样是才华横溢，愤世嫉俗。所以他们彼此欣赏，彼此吸引，成了终生不渝的莫逆之交。

我们要万分感激敦敏敦诚兄弟二人，使我们得以从他们的诗文中，了解曹雪芹、感知曹雪芹。

曹雪芹和敦氏兄弟所在的宗学是一座极古老的大宅院。是前明大学士周廷儒的府第，是北京有名的"四大凶宅"之一。传说进到这座年深日久的大宅院就迷路，睡到半夜，不知道是被鬼、狐什么的从屋里抬出来。所以，一般人谁也不敢往幽深的地方去。而曹雪芹、敦敏、敦诚却不怕这些，经常在此饮酒唱令，赋诗填词，直到月明星稀。

就是在这所深宅大院里，曹雪芹和敦敏、敦诚兄弟共同度过了他们当差和求学的生涯。

在宗学堂读书的敦敏，敦诚，手捧着四书五经，如坐针毡，眼睛瞅着老师，脑子里琢磨的却是如何写诗。偶得一佳句，立即写下。有时竟把曹雪芹写的诗带入课堂，老师在前面讲，他在下面吟和雪芹诗，吟

到高兴之处，竟会不管此为何地而拍案叫绝，所以敦敏、敦诚，尤其是敦诚，没少挨老师的惩罚。

按当时宗学的规矩，学生都要住宿，隔若干日子才许回家探望一次。而曹雪芹也必须留在宗学里照料学生。每晚的闲暇时间，就是他们最快活的时候。他们聚在一起，讲故事，说笑话，吟诗作画，剪烛长谈。

按封建礼数说：曹雪芹是包衣，是职事人，而敦氏兄弟是宗室，是学员，所以雪芹见了他们应该是恭敬侍立，谨慎答应的。但由于曹雪芹豪放不羁，豁达磊落，最恨世故的人，而敦氏兄弟又是思想比较清新的豪爽热烈的青年，他们彼此之间只有互相倾倒的份儿，哪里还顾得了那些场面俗礼。所以，每逢金风乍起，暑气日消，天凉好个秋，他们便会温一坛老酒，置几碟小菜，挑灯长谈，至兴浓处，雪芹便"击石作歌声琅琅。"

　　有时，他们把各自的作品拿出来，互相评点。那或许是一个秋高气爽的八月天，皎洁的明月高挂天空，在那棵古老的大枣树下，曹雪芹、敦敏、敦诚，或许还有其他几位志同道合的人，饮酒赋诗。敦诚拿出了他的新作：以唐代大诗人白居易的长诗《琵琶行》为题材而写的传奇《琵琶行》。大意是说：一长安名妓，老大不小时，嫁给了一个商人，那商人是重利轻别离，害得新妇常常到江口去守空船。白居易是借嫁作商人妇的名妓的命运而联系自己被贬的遭遇，而发出了"同是天涯沦落人，相逢何必曾相识"的慨叹。敦诚把

它改写成传奇脚本，借以抒发自己沦落不得志。朋友们纷纷评点，并为他的《琵琶行》作题跋。

敦敏题道：

红牙翠管写离愁，商妇琵琶溢浦秋。

读罢乐章频怅怅，青衫不独湿江州！

朋友们纷纷叫好。

敦诚说："雪芹兄，能否请你赐教一二？"

曹雪芹稍作沉吟，便挥笔题了一首诗。

敦诚看后，连连称赞道："好一个了不起的雪芹兄，亏你想得出！这'白傅诗灵应喜甚，定教蛮素鬼排场！'一句，真真是想象奇特，立意新颖！妙！妙！妙！"

　　敦诚的一连三声"妙"，说得敦敏很不服气，他从敦诚手中拿过诗稿，看了一遍以后，说："雪芹兄的诗，真可以和李昌谷（唐代诗人李贺）相辉映，兄弟我自叹弗如，自愿罚酒三杯！"

　　说着连饮了三大杯酒。

　　曹雪芹的全诗我们现在已看不到了，仅这一句，就让我们体会到了曹雪芹隽永的文思，恢宏的才气。

　　曹雪芹爱喝酒，而且能喝酒。每当酒至微醺时，便狂情愈显，谈锋愈健，挥洒自如，文思如泉涌。头巾戴反了也不知道。或一手拿杯，一手拿筷，边饮边唱，或纵横捭阖，侃侃而谈。所以，不理解他们的人都说他们是疯子、傻子。

　　宗学虽说不是雪芹认为最理想的地方，但这里毕竟是个学校。虽然清冷，但比官场的乌烟瘴气、恶态

丑行要清静幽雅得多，还有一定的薪给，聊以维持贫
困的生活，何况还有诸多志趣相投的朋友。所以曹雪
芹利用这个相对来说比较安定便利的写作环境，决意
要完成他蓄意已久的小说创作。但是由于曹雪芹和敦
氏兄弟在宗学里动辄聚众饮酒，高谈阔论。虽说他们
纵谈有约法三章：一不谈朝廷政治，二不谈人物短长，
三不谈鬼神。可约定归约定，酒至半酣时，难免管不
住自己的舌头。嬉笑怒骂，毫无顾忌，所以和许多人
结了怨。宗学的一些正统人物，早已对他们侧目，所
以，曹雪芹后来终于被排挤出宗学。但他和敦氏兄弟
的友谊却保持了一生。后来，敦诚的一首《佩刀质酒
歌》为我们描述了这样一幅优美无比的感人至诚而又

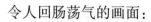

令人回肠荡气的画面：

那是乾隆二十六年仲秋的某一天，曹雪芹从他蛰居的小山村来到北京城，就住在好朋友敦敏的家里。曹雪芹此次到敦敏家，一是想念敦氏兄弟，来看看他们，二也是因为快到冬天了，"家中冬事未未"，为生计而进城来向朋友们寻求帮助的。

秋天，天空明净无云，树木变得越来越浓绿，各种各样的花儿还在做一年中最后的挣扎，所以开得更加浓烈、艳丽。但在清晨，却充满了秋的凉意。

夜里，淅淅沥沥地下起了小雨。俗话说：一场秋雨一场凉。雪芹想到家中的柴米冬衣均未置办好，妻儿老小如何过冬？虽是挚友，求借告贷毕竟难于启齿。想起早年的锦绣奢华与今天的衣食不济，内心愤懑不平。于是辗转反侧，一夜没有睡好，清早起来后，一个人在院子里徘徊。主人家上上下下还都在梦乡。偌大的宅院里一片寂静。

这场秋雨后，天气一下子凉了许多。雪芹来北京时，由于天气晴好，没有带多衣服。或许是此时的他也没有更多的衣服好带。飒飒的秋风裹挟着霏霏的秋雨吹打在槐叶上，衣裳单薄，再加早起肚里无食，觉得寒气砭骨，嗜酒如命的曹雪芹此时此刻什么都不想要，只要温一壶老酒。可这时主人尚未起床，童仆也还在梦乡，这个愿望是达不到的，所以曹雪芹显得狂躁不安。正在此时，忽听有敲门之声。雨夜清晨，何人这么早来敲门？曹雪芹很意外，由于主人家都还在梦乡，雪芹本不欲开门，不想这敲门人很是执着，依然"啪、啪、啪"敲个不停。无奈，雪芹打开院门，只见一个披着蓑衣戴着斗笠的人站在门口——哈！敦诚，这可是太意外了！

敦诚也是因为涔涔的秋雨，在这漫漫的长夜，被搅得心情烦躁，一夜无眠。早起到哥哥家来找哥哥对饮聊天，借以消愁解闷。没想到竟然意外地在哥哥家里遇见好友雪芹，敦诚真是喜出望外，用不着过多的寒暄，两个人相视一笑，便传达了彼此的心意，不打

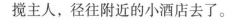

搅主人，径往附近的小酒店去了。

平时的曹雪芹就十分好酒，敦诚说他"出必醉，醉必纵谈"，有时豪饮，竟至"叫嚣之声，邻人为之失色"。何况今天，在如此难耐之时，得此快遇，两个人都是高兴至极。叫起了酒店的伙计后，根本顾不得小店的酒质优劣与否，只管开怀畅饮。这一层倒成了他们快谈的笑料。所以，敦诚说："且酤满眼作软饱，谁暇齐鬲分低昂。"

邂逅相逢的喜悦，狂歌豪饮的快乐，使他们都忘记了一个重要问题——两个人都没有带钱。曹雪芹是因为本是来向朋友告借的，已无钱可带，而敦诚是因为早起走得匆忙，又是到"自己家"来，没想起带钱。

敦诚二话没说，解下腰间的佩刀，留给酒店作质押。

满洲的旗人，腰间的佩刀是身份地位财富的象征，平时是身不离刀，刀不离身。而且这佩刀是越做越精美，有钱有地位的人，刀柄刀鞘上都镶

上珍珠、玛瑙、钻石等宝贝。王公贵胄的后代敦诚的这把佩刀也必定是价格不菲。敦诚毫不犹豫地解下腰间的佩刀，拍到酒桌上，也足见敦诚为人的豪爽大方，真格和曹雪芹是一个模样。

于是这件事又成了他们高谈阔论，吟诗唱和的话题。

敦诚说：这刀虽然像秋霜一样锃明雪亮，也不能卖了它去买一条牛，拿它去上阵杀敌吧，又轮不到咱们这种人，那还是把它交给酒家换酒喝，润润咱们的嗓子吧！

雪芹原本已经十分感激敦诚的热诚款待，听了敦诚的吟唱后，"曹雪芹大笑称快哉！"

痛快淋漓的曹雪芹高呼大叫："拿酒来！"

　　真正是"未若一斗复一斗，令此肝肺生角芒！"

　　酒助诗兴，才华横溢满腹文章的曹子诗思如泉涌，当即口占长歌一首，来答谢至诚好友。

　　本来就"诗成有奇气""诗胆昔如铁"的曹雪芹，在酒兴正浓，诗兴正涌时即兴所作的诗，不知道有多么精彩动人，然而，万分遗憾的是，这首精妙绝伦的长诗早已失传了，我们这些后来人已无缘领略曹子的诗气、诗风、诗胆的风采了。这是文学史上无可弥补的重大损失。在这点上，我们不禁要责备敦诚：为什么不记下来，传下去呢？在另一点上，我们恐怕还要感谢敦诚，毕竟给我们留下了一首《佩刀质酒歌》，使我们能够了解到"佩刀沽酒"的一些精彩片段！

相关链接
XIANGGUAN LIANJIE

金陵十二钗

林黛玉：身为金陵十二钗之冠，前世为三生石边的一株绛珠草，受赤瑕宫神瑛侍者的甘露之惠，愿跟其下凡还尽眼泪。是自由恋爱的坚定追求者。

薛宝钗：与林黛玉并列第一，薛姨妈的女儿，她容貌美丽，举止娴雅，待人处世十分圆滑。

贾元春：金陵十二钗之三，贾政与王夫人之长女，自幼由贾母教养。后因贤孝才德选入宫做女吏。

贾探春：金陵十二钗之四，贾政与妾赵姨娘所生，排行为贾府三小姐。她精明能干，有心机，能决断，连王夫人与凤姐都让她几分。

史湘云：金陵十二钗之五，是贾母的侄孙女。虽为豪门千金，后与宝玉相遇，并成为夫妻，最后在贫病中死去。

妙玉：金陵十二钗之六，祖上是读书仕宦人家。因自幼多病，只得入了空门，身体才好，故

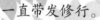

一直带发修行。

贾迎春：金陵十二钗之七，是贾赦与妾所生的，排行为贾府二小姐。她老实无能，懦弱怕事，有"二木头"的诨名。在处事为人上，只知退让，任人欺侮。

贾惜春：金陵十二钗之八，贾珍的妹妹，自小喜爱画画。后入庵为尼。

王熙凤：金陵十二钗之九，贾琏之妻，王夫人的内侄女。她精明强干，深得贾母和王夫人的信任，成为贾府的实际大管家。

贾巧姐：金陵十二钗之十，贾琏与王熙凤的女儿。因生在七月初七，曾受过王熙凤接济的刘姥姥给她取名为"巧姐"。

李纨：金陵十二钗之十一，贾珠之妻。她出身金陵名宦，从小就受父亲"女子无才便是德"的教育，以认得几个字，是个恪守封建礼法的贤女节妇的典型。

秦可卿：金陵十二钗之十二，贾蓉之妻。她是营缮司郎中秦邦业从养生堂抱养的女儿。她长得袅娜纤巧，性格风流，行事又温柔和平，深得贾母等人的欢心。

何处山村磨《石头》

困境能够毁人，也能够造就人，正如文
王拘而演《周昌》，雪芹厄而磨《石头》
——作者手记

宗学不喜欢曹雪芹，曹雪芹也不喜欢宗学。宗学
是为皇帝培养奴才的地方，而教育培养奴才的人首先
必须是标准的奴才。像曹雪芹这样的一位才高气傲，
独立不羁，诗酒狂放的当差者，如果能在宗学干长，
那倒反而是咄咄怪事了。或者是宗学清除了曹雪芹；
或者是这位"断不能为走卒健仆、甘遭庸人驱制驾驭"
的雪芹先生放弃了宗学。

离开了宗学的曹雪芹，精神上有一种解脱了束缚
的自由了的感觉，但生活却陷入了空前的窘迫中。一
家妻儿老小全靠曹雪芹在宗学当差挣得的薪俸来供养，
一旦失业，一家人也就生活无着了。

这时的曹家，已经是第二次败落了。第一次被查
抄以后，曹雪芹家从南京迁到了北京，以后的不长时
间，曹家被贬谪的至亲又都相继被起用，曹家的处境

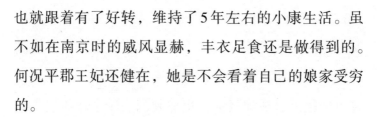

也就跟着有了好转，维持了5年左右的小康生活。虽不如在南京时的威风显赫，丰衣足食还是做得到的。何况平郡王妃还健在，她是不会看着自己的娘家受穷的。

到了乾隆四年冬天前后，平郡王福彭由于弘皙、弘昇等人谋反一案受到牵连而被治罪；傅鼐也因为误举参领明山，失察家人两事，落职入狱，病卒于家中。第二年，被废的老平郡王纳尔苏病故。这真是六亲同运的再演，曹家就此受牵连，再次遭到厄运，从此，彻底败落了。

衣食无着的曹雪芹领着一家老小，流落到海淀一带去投靠亲戚。但亲戚家对他们十分冷淡、疏慢，傲骨狂形的曹雪芹哪里受得了这样的轻蔑，于是带着一家大小离开了亲戚家。在北京大凤祥胡同北口的水屋子地方住下来。这就是后来人们传说的"悼红轩"所在。

此时，家里的米瓮空了，嗷嗷待哺的小儿饿得号哭不止。妻子暗暗饮泣，万般无奈的曹雪芹，一大清早，冒着凛冽的北风，穿着褴褛的衣衫，瑟缩着去向有钱的人家求借告贷。可是，足足奔走了大半个上午，依然是空手而归。

世态的炎凉，财势的凌轹，人情的淡漠，以及有钱人家的白眼，使狂放不羁的曹雪芹很快地就明白了

"穷在闹市无人问，富在深山有远亲"这样一个浅显而又深刻的生活哲理。决定不再去叩富儿之门，弹食客之铗，豪门富贵疏慢他，他更鄙夷豪门富贵。他的穷骨更加傲然，更加坚强，更加硬朗。于是他毅然决然地离开了这些卑鄙龌龊的伤心地，带着一家老小，走向更加远离都市的地方。

行行止止，止止行行。曹雪芹在寻找，寻找一个适合于自己的所在。终于来到了北京郊区的西山脚下，一个名叫退谷的小山村。他迷上了这里，他爱上了这里，终于最后定居在这里。

退谷是个什么样的地方？能令钟灵毓秀的曹雪芹如此迷恋，从而结束了流浪迁徙的生活呢？

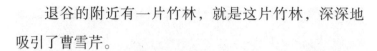

退谷的附近有一片竹林，就是这片竹林，深深地吸引了曹雪芹。

曹雪芹一生爱竹。他喜欢竹的胸无城府，喜欢竹的挺拔，喜欢竹的宁折不弯。

这大片竹林的北面是一座石头砌成的观音阁。观音阁的西面有一条淙淙流淌、水清见底的小溪，数尾小鱼在石缝间往来穿折，溪旁是各种各样的鲜花、野草。小溪的东面，与观音阁遥遥相对的是隆教寺。每逢夏季，绚烂的鲜花与苍翠的竹林相映成趣；隆教寺与观音阁中升起的袅袅炊烟与小溪中升腾的水汽相偕相溶。远望是重峦叠嶂，万木幽深；近看则是山环水转，杂花如绣。真个是"碧水青山曲径遇，薜萝门巷

足烟霞"。

　　到了严寒的冬季则是另外一番景象：野花凋了，树叶落了，四野一片苍凉，鱼儿在薄薄的冰下缓缓游动，天上的云彩也好像冻住了似的，一动也不动，整个山村看不见一个人影，只能偶尔听见一两声懒懒的狗吠声。真个是"野浦冻云深，柴扉晚烟薄；山村不见人，夕阳寒欲落。"

　　这里和30里以东那繁华热闹的"帝城"相比，简直就是两个完全不同的世界。如果不是真正的高人隐士，只是表面的附庸风雅，是绝难在这里长居久留的。而来到退谷的曹雪芹终于明白了：自己行行止止，寻寻觅觅，寻找的就是这块地方。

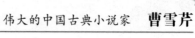

　　雪芹一旦离开那"十丈软红"的"皇州"，来到这无限幽深的胜境，顿觉耳目双清，心胸舒畅，忘记了身世的坎坷，生活的窘迫，人生的烦恼。他和这深山，这翠竹，这幽水完完全全地融为一体。再也不想离开这里了。

　　幽居在退谷的曹雪芹，一时间忘却了世间的一切烦恼，决心在此完成他的夙愿，潜心执意著述《红楼梦》（又名《石头记》）。

　　曹雪芹毕竟不是不食人间烟火的神仙，他要吃饭，要穿衣，还有妻儿老小指望他养活。在宗学当差时，虽说俸银不多，但维持一日三餐还是没有问题的。到了他移居西山退谷时，已经是家徒四壁。除一几一机一秃笔外别无他物。雪芹仍然是写。有时没钱买纸，

他就把皇历的页子拆开，翻过订上，用背面写。

可是，总得生活呀！为了解决一家人的吃饭、穿衣问题，曹雪芹曾给别人当过家教。但这段经历是很短暂的，想必是主人家也怕把子弟交与这样一位思想荒谬，行为怪诞，不求做官，只管写书又嗜酒如命的先生而误了自家子弟的前途吧？抑或是曹雪芹已把自己的全部精力，全部时间都用来撰写惊世骇俗的鸿篇巨制《红楼梦》而自动辞去了家馆之职。

为了解决一家人的吃穿问题，曹雪芹还曾卖过画。

曹雪芹是个多才多艺的人，他不仅写出了文学巨著《红楼梦》，还写得一手好诗，画得一手好画。尤其是他的画儿，颇得家祖曹寅的真传。然而，曹雪芹的卖画，实在是不得已而为之。

家里已一连两日无粒米下锅了，小儿饿得号哭不止。雪芹在地中间转了两圈，也没有找到一件值钱的可以变卖的东西。忽然，他把视线落在了那两幅画儿上，一幅是祖父早年画的《夏牧图》，一幅是自己画的《咏梅》。他卷起了画儿，准备拿到集市上去卖。

妻子一见，赶紧阻拦，说："这两幅画儿是你的心爱之物，不能卖掉。我们再想些别的办法吧！"

雪芹长叹了一口气，说："但凡有点办法，我也不会打它的主意呀！现在连饭都吃不上了，还谈什么心爱不心爱呢？"

雪芹把两幅画儿摆到集市上，每幅画儿上都插上根草棍儿，表示要卖的意思。不一会围上了几个人，其中一个账房先生模样的人一边用手拈着山羊胡子一边说："这曹栋亭倒是有点名气，是已故的江宁织造，这曹雪芹可是没听说过，不过这用色和运笔倒还有些章法。先生，你这画儿要多少钱一幅哇？"

雪芹说："这是我家的珍藏品，如果不是有特殊困难，是不会拿出来卖的，我也不多要，这幅《夏牧图》你就给我一两半银子，这幅《咏梅》一两银子即卖。"

"什么？什么？什么？"山羊胡子听了曹雪芹的话，一连问了三声什么，然后说："你大概是穷疯了吧？这么两幅破画就要二两半银子，这么着吧，既然你等钱用，我就成全你，给你半两银子买这幅《夏牧图》再搭上这幅《咏梅》。"

雪芹一下子红了脸，说："货卖识家，你不要我这画儿可以，可你不能说它是破画儿！"

山羊胡子说："我就说它是破画儿，你能怎么着？"

两人你一句我一句的就吵了起来。

这时一位瘦削顾长，虽穿着一件洗得发了白的家织布的旧灰布长衫却依然显出儒雅风度的乡塾模样的中年人接过话茬说："我说这位先生，你明明已经看出来这是二幅珍品，却非要把它说得一钱不值，无非是想巧取豪夺，似这等不仁不义之事你也做得出来？真妄披了一袭长衫！"

一席话，说得山羊胡子满脸飞红，急赤白脸地说："你算个什么东西？来这里教训老子。"

穿灰布长衫的人说："我不是教训你，只是告诉你这样一个事实：曹栋亭的画儿，在京城已卖至十两银子一幅，这幅《咏梅》虽不是出自名家之手，看这章法绝不亚于《夏牧图》，没准百年后，都是价值连城的稀世珍品，要你二两半银子算是便宜你了。"

山羊胡子说："即是这么便宜的事儿，你为什么不拣呢？"

穿灰布长衫的人说："因为是你先讲的价。你既然不要了，那么好，三两银子，我要了。"

说着卷起画儿，一手拿着画儿，一手拉着雪芹，

走出人群。来到一个僻静处，对雪芹说："看你也是个读书人，想必也懂画儿，为什么把这样的珍品卖得这样便宜呢？"

雪芹一看就知道此人是个豁达诚实的人，于是也就以诚相告："这幅《夏牧图》是家祖的遗画儿，这幅《咏梅》是拙作，因为家中遇到了难事，急等着用钱，所以才拿出来变卖。"

"呀！原来是棟亭的后人，怪不得有如此不落俗套的构图用色章法。今天真是幸会。即使这样，这三两银子，你先用着，暂渡难关，这两幅画儿你也收好。"

雪芹忙说："我还不知道先生的尊姓大名，这知遇之恩我雪芹心领了。只是你要是不要这画儿，这钱我是万万不能要。"

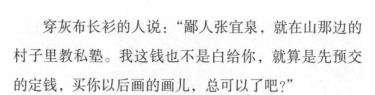

穿灰布长衫的人说："鄙人张宜泉，就在山那边的村子里教私塾。我这钱也不是白给你，就算是先预交的定钱，买你以后画的画儿，总可以了吧？"

雪芹见张宜泉是如此诚恳，再要推却倒显得做作了，于是向宜泉深深一揖，说："宜泉兄的大恩大德，雪芹没齿不忘，请受雪芹一拜。"

张宜泉赶忙扶住，说："瞧你，瞧你，酸了不是，我是花钱买你的画儿，有什么好谢的？"

说完，拜别雪芹，扬长而去。

其实，这个张宜泉并不是一个什么有钱的主儿。早年时，家道倒还殷实。13岁时死了父亲，刚刚成人又没了母亲，兄嫂不待见，不得已与兄嫂分居。婚后生有三子一女，因出天花两儿一女夭折。现在乡村做私塾先生，勉强养家糊口。

张宜泉虽然家门不幸，穷愁坎坷，但却傲骨壮怀，诙谐放达，嗜吟好饮。

这次他是从主家领了两个月的束准备回家过节的。把银子全给了曹雪芹后，他也就不必回家了，于是又打原路返回了客馆。

后来，雪芹精心画了几幅画儿，亲自送到张宜泉教书的客馆。从此之后，两人成为无话不谈，过从甚密，经常吟诵唱和的挚友。

  张宜泉是一位颇有才气的诗人。他的诗中不乏颇有新意的佳句，如："霜花暗拂心花冷，日影旋移人影孤"，"幸得于今烟景好，野花零落在吾庐"。

  已经沦落到做客馆先生了，仍不失诙谐放达的本性，他在"凿壁偷光"排律诗中和吝啬的东家开了句玩笑"高东诚见悯，当教尽添油！""东家呀，油灯没油了，发发慈悲给添点灯油呗！好多读书来打发这漫漫长夜！"

  另外，他的诗中还多有同情贫苦大众，鞭挞寄生阶级荒淫享乐的内容。如"独怜拾菜女，绕地步逡巡"，"王侯容易福，乞丐自然贫"这些话都是曹雪芹想说而不便说或不能说的。

张宜泉和曹雪芹的过从相当频密，有时是雪芹去探访宜泉，有时是宜泉探访雪芹，有时敦氏兄弟来探访雪芹时，雪芹也请宜泉来共聚。

张宜泉的诗集里很多篇是涉及曹雪芹的。从张宜泉的诗篇中我们可以看出：在穷愁潦倒的乡居生活中，朋辈们的造访是雪芹生活中最大的乐趣之一。"何当常聚会，促膝话新诗。"

读张宜泉的诗，我们似乎看到了这样的一幅画面：

那是一个秋末冬初的季节，荒径上的蒿草渐渐地由绿变黄了。太阳的光线渐渐地变得忧郁，各种鸟雀也变得寂寞了，早熟的树叶飘飘然落到地下，大地都

被庄稼人拔秃了，显得是那么灰败苍凉。这肃杀的深秋景色令张宜泉烦躁不安，原来张宜泉已经有几日没看到曹雪芹了，犯了酒瘾，也犯了诗瘾。于是他携琴载酒去拜访雪芹。他踏着荒径上的衰草，想着和雪芹举杯痛饮的快乐，不禁加快了脚步。跨过小溪上的石桥，轻叩柴门，高喊：

"雪芹兄，宜泉来也！"

喊了几声，没有喊出雪芹，却喊出了雪芹的幼子。孩子告诉张宜泉："父亲不在家，到山上去了。"

张宜泉循着山路去寻曹雪芹，一直寻到僧寺里，才把雪芹找到，原来雪芹正与僧寺里的僧人论禅道。

雪芹一见是宜泉来访，高兴异常，又见他携琴载酒，连呼："知我者，宜泉也！"

于是两人便找了一块平展的石头，放下酒菜，开怀畅饮，酒过三巡之后，二人略到微醺之时，便诗兴大发，一唱一和。直到天暗鸟归林，月亮已慢慢地爬上了树梢，两人仍无倦意，谈兴犹浓，酒兴正酣，诗兴不减。只可惜曹雪芹的诗已一首不得见了。从张宜泉的《春柳堂诗稿》中的《和曹雪芹西郊信步憩废寺原韵》《题芹溪居士》《春夜止友人宿即席分赋》《晴溪访友》等诗篇中，我们尚可窥视两人频密交往的情况。

从"破灶添新火，春灯剪细花"的诗句中，我们看

到当两人喝到夜深人静，酒凉菜凉之时，雪芹喊妻子：把酒重新烫烫，把菜重新热热，剪剪灯花。两人接着畅饮叙谈，分砚裁诗，直到月西斜，仍然了无睡意。

从"不便张皇过，轻移访戴舟"的诗句中，我们体会到，两人的来往，有时似乎还要避人耳目，不要让世人知道。这是为什么呢？

这大约是有时他们谈论的话题与时政有关。他们都具有反叛的性格，都具有反抗的思想。从张宜泉诗的一些篇章中都有明显的流露。如《读史有感》：

> 拍手高歌叹古今，闲披青史最惊心！
> 阿房宫尽绮罗色，铜雀台空弦管音；
> 韩信兴刘无剩骨，郭开亡赵有余金。
> 谁似尼山功烈永，残篇短简尚堪寻。

就隐含了对当时政治的讥评。而像"锦瑟离宫曲，膻笳出塞声！"（《惊秋诗二十韵》）"亭沼非秦苑，山河讵汉家！"（《闲兴四首?其四》）等句子则分明是讽怨当时满洲贵族的统治的。

这样的话题，这样的对吟，如何能让别人知晓呢？抨击时政，讥讽当朝，那可是要杀头的。所以，他们"不便张皇过"。

　　和曹雪芹共饮、共吟，已经成为张宜泉生活中的重要内容。及至雪芹亡故后，宜泉重访雪芹故居，睹物思人，想那琴、诗、剑、画诸艺俱佳的曹雪芹就这样离他而去，一切都成绝响，不禁痛泪成行，哭出了一首《伤芹溪居士》，诗中说：

　　　　谢草池边晓露香，怀人不见泪成行。

　　　　北风图冷魂难返，白雪歌残梦正长。

　　　　琴裹坏囊声漠漠，剑横破匣影铓铓。

　　　　多情再问藏修地，翠叠空山晚照凉。

　　雪芹的朋友们就是这样热爱敬重他。

苑召难忘立本羞

> 舍弃了送上门来的荣华富贵，自愿选择
> 苦难，不是"傻瓜"就是"疯子"。而古来
> 成大事者有几人不"愚"不"疯"？
> ——作者题记

曹雪芹来到西山以后，那苍山翠竹，林峦泉壑，肃祠荒刹成了他闲暇时行游散策，逐胜探奇的重要去处。颇有点晋代大诗人陶渊明愤世嫉俗解职归隐的味道。作为气节过人，风流不羁的高人隐士，他们确有许多共同之处。而他们最大的不同却是陶渊明有固定的生活来源——躬耕垄亩以为生计；而曹雪芹无寸土可耕，没有固定的生活来源。

尽管雪芹的生活充满了丰富多彩的内容：朋友聚会，开怀畅饮，高谈阔论，吟诗绘画，舞剑弹琴，如张宜泉所说："门外山川供绘画，堂前花鸟入吟讴。"但是还有一个必须解决的问题摆在曹雪芹面前——一家人的吃饭问题。敦诚说雪芹是"日望西山餐暮霞"，这一方面是敦诚慨叹雪芹的高风傲骨，超凡脱俗；另一方面也说明雪芹家此时已穷得可以。不要说雪芹自己不能以"餐暮霞"来维持生命，还有他的家人老小也是要吃饭的。为了维持一家人的生计，雪芹常常是以卖画来解燃眉之急。但是雪芹的画到底能卖多少钱一幅？有多大的销路？都不得而知。何况那曹雪芹嗜酒如命，以酒代食，经常是以"卖画钱来付酒家。"曹雪芹家此时的生活状况是"满径蓬蒿老不华，举家食粥酒常赊。"（敦诚诗）

面对食粥、赊酒的窘况，伟大的文学家曹雪芹依然是不改初衷，夜以继日，夜以继日地撰写《红楼梦》。这得需要多么大的毅力和决心啊！

雪芹的生计情况，朋辈们都知道，所以有时加以接济。但朋辈们的接济只能管得一时，管不得一世。为了解决一家人的穿衣吃饭问题，雪芹不得不寻找别的出路。乾隆二十四年左右，曹雪芹应两江总督尹继善之邀，南游去了。

尹继善是镶黄上旗人，姓张佳氏，父亲尹泰官至大学士，尹继善的女儿又嫁给了乾隆的第八子永璇。虽是皇亲国戚，却是为官清正，是雍正、乾隆年间最有声望、最得民心的地方大吏之一。

尹继善是雍正元年的进士，雍正六年，授内阁侍读学士，协理江南河务，同年秋天，授江苏巡抚，这正是曹頫被撤职抄家的那一年。到了雍正九年，尹继善已任两江总督，并协办江宁将军，兼理两淮盐政。

尹继善到南京上任时，曹家已举家北上。从雍正九年到乾隆三十年，尹继善曾四任两江总督。他的总督衙门与曹家老宅相邻，为宦南京期间，耳濡目染，日益体会到曹家祖孙数人经营了六七十年之久的江宁织造府，在江南一带的深得人心，远远不是一般的仕宦可以相提并论的。尤其是他家在文学事业方面的成就更是影响深远。一部《楝亭诗稿》是许多文人墨客或仕宦文人热衷的藏书之一。虽说在来南京之前，尹继善对曹家的文名已有所耳闻，来到南京后，他才更深一层地体会到什么叫诗书传家。

本来尹继善就是一个十分喜爱诗文经史的人，对曹寅的文学艺术才能仰慕已久。曹寅已经作古，无缘得见，他就着意访询曹家的现状，子孙的下落。

尹继善认为，既为繁荣盛世，就应该人尽其才。所以他每到一地，都着意搜罗人才，延为幕府。当他听说曹寅的孙子曹雪芹诗、文、琴、剑、画诸艺俱佳，气节孤高，但穷困潦倒，生活十分艰难的情形后，决计把雪芹召至自己麾下，待机重用。

而此时，曹雪芹的《石头记》（另名《红楼梦》）已经有了脂砚抄阅再评本。曹雪芹写《石头记》本来不仅是给自己看的，旨在问世流传，还有另一个目的，

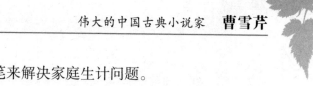

就是赚取润笔来解决家庭生计问题。

尹继善的爱才好士，曹雪芹也早有耳闻，既然主人这样诚心礼聘，雪芹也正想为《石头记》寻谋一个愿意出资刊刻的东道，何况还可以借此机会重游故地，一举数得，何乐而不为呢？雪芹于是欣然答应了前来聘请之人。

初到江南时，尹继善非常欣赏曹雪芹，并因楝亭有此才华横溢的嗣孙而甚感欣慰。曹雪芹也因为得遇明主而欢欣喜悦，宾主相得，情好意笃。扬州肖像画家云间陆厚信（字艮生）也是尹府的常客。有一次游南京时，曾在尹府见到过曹雪芹，十分倾慕雪芹的才华风度，遂为雪芹绘了一幅小照，并写下了如下几行字：

　　雪芹先生洪才河泻，逸藻云翔，尹公望山
时督两江，以通家之谊，罗致幕府，案牍之暇，
诗酒赓和，铿锵隽永，余私忱钦慕，爰作小照，
绘其风流儒雅之致，以志雪鸿之迹云尔。

　　这几行题记，基本概括了曹雪芹初到尹府时的情况。
　　尹继善的幕府中，幕僚很多。像曹雪芹这样清高
孤傲，潇洒不羁，且才华出众的人，既易为人赏识，
也易遭人忌妒，犹如"野鹤在鸡群"。在同僚中间，小
人之辈，谮毁之言渐渐多了起来。尹继善虽说是个爱
才好士，扬风扢雅之人，但思想观念却是正统一派
的人物，眼见曹雪芹的一些言论行径，确有离经叛道
之嫌。尹继善认为像这样一位满腹文章的才子之所以
落魄到此等境地，就是因为没有贤人"导之以正"，所
以，他出于一片好心，要想方设法挽救曹雪芹。对于
尹继善这样一番好心的"挽救"，雪芹却很不以为然，
依然是我行我素，不入流俗。
　　尹继善觉得曹雪芹这个人有点不知好歹，别人一
片热诚为你好，你却说什么道不同不相为谋。于是尹
继善对曹雪芹渐渐疏淡了。
　　尹继善是个正直的厚道人，如果不是发生了下面

这件事儿，大概他是不会让曹雪芹离开尹府的。

乾隆的第八个儿子永璇年少不更事，不守礼法，让乾隆伤透了脑筋。不得已，乾隆处分了永璇的师傅孙灏。换了新的师傅，仍未见多大好转。为了加强管教，乾隆不得不亲幸永璇府第，意在察看。

清代的各种规定非常严格，皇帝亲临臣子的住处，那是极为少有的特例，史官们也曾把这件事当作一件大事记载在《清史》上。足见永璇给乾隆爷带来了多大的烦恼。

乾隆到了永璇府后，派内侍进行检查。发现了《石头记》，让人拿了一册回宫。一看竟是一本"淫词小说"，十分震怒，决心要弄清这部"邪书"的原委。

　　这件事很快传到了永璇的岳父尹继善那里，着实是把尹继善吓出了一身冷汗。清代因为文字官司而得罪下狱的不胜枚举。写出"清风不识字，何必乱翻书"和"夺朱非正色，异种尽称王"（咏紫牡丹）等句子的人都遭了奇祸，株连九族，这是尽人皆知；那人虽死了，诗句后来被发现有"毛病"的，还要"剖棺戮尸"。写"淫词小说"《石头记》的作者就在尹继善的幕府当幕僚。一时间传言蜂起，气势汹汹，尹继善确实是十分紧张。不过，尹继善毕竟不同于那些靠出卖别人而保全自己的小人，他没有出卖楝亭的后人，把消息透露给曹雪芹，让他赶快借故离职，将关系的复杂程度尽量缩小，以避免多方株连。

　　尹继善与曹雪芹虽然道不同，但毕竟主仆一回，

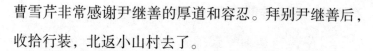

曹雪芹非常感谢尹继善的厚道和容忍。拜别尹继善后，收拾行装，北返小山村去了。

后来，这《石头记》一案，幸亏永璇有力周旋，多方弥缝遮掩，急忙找人谋划删改后重新呈上，总算将事情搪塞过去，没有酿成大祸。使雪芹和脂砚得以将《石头记》一改再改，益加完善。

雪芹从南京北返小山村时途经北京，在朋友处偶然遇到敦敏，两个人都又惊又喜，一年多未见，有说不完的话题，叙不尽的思念，他们便在朋友那里摆酒畅叙别后情景，当敦敏得知雪芹在南方的一系列遭遇后，不禁感叹唏嘘，遂成诗一首：

> 可知野鹤在鸡群，隔院惊呼意倍殷。
> 雅识我惭褚太傅，高谈君是孟参军。
> 秦淮旧梦人犹在，燕市悲歌酒易醺。
> 忽漫相逢频把袂，年来聚散感浮云。

雪芹南游归来后，继续在他那西山小村中写作《红楼梦》，这时的生活就越发的穷困了。他曾说过这么一句话"若有人欲快睹我书，不难。惟日以南酒烧鸭享我，我即为之作书。"这虽系一句玩笑话，却也饱藏着辛酸。曹雪芹什么山珍海味没吃过，可是此时南酒烧鸭已是很难得享用到的奢侈之物了。

雪芹曾经是锦绣豪华美味珍馐生活的公子哥儿，如今穷困落魄到"举家食粥酒常赊"的地步，内心的痛苦是可以想见的。曹雪芹的酒这时候喝得更厉害了，常常是以酒代食。酒酣耳热之时，或雄目儿高谈，或吟诗赋画，或狂呼大叫，声动四邻。这实际上是雪芹内心悲愤的一种宣泄。

看见不入眼的那些俗礼，就毫不客气，待以白眼，屏之三舍之外，他是既不顾也不怕得罪小人，敦诚说他"狂如阮步兵"（步兵：晋代诗人阮籍的号）。阮籍就够狂的了，雪芹比阮籍还要狂。狂妄孤高的结果是得罪了小人，进而引来了小人们对他这个罪臣之子的

一系列迫害。

最严重的一次是奉命监管曹雪芹的小吏用拆毁房屋的手段，来逼迫曹雪芹。

那一年冬季的某一天，曹雪芹正在屋里著述《石头记》。幼子蜷缩在一床破棉被里，妻子正在厨房里剁干菜和苞米面准备晚饭。忽然一名小吏领着一伙差人来到雪芹院里。那小吏吆五喝六地在院里喊："曹霑你听着，再有几天是我们县太老爷的60大寿，老爷家新起了一个牌楼，明天你到老爷府上去画牌楼。"

雪芹用鼻子哼了一声，说："我曹雪芹只把颜色涂在纸上，从不把颜色涂在墙上。恕草民难于从命！"

小吏一副十二分瞧不起的样子，说："嘿嘿！你还

端上了。我告诉你，曹霑，识相的，明天你就老老实实地去画牌楼，你们家今年的人头税减半！要是不去，可不要怪我不客气。"

曹雪芹也是个硬骨头，响梆梆地说："你们老爷要是真心索画，就把定银交来，我一定按期交画。官爷们如果诚心难为我曹某，那就请便吧！"

小吏一听，说："你是真不去？好！你可千万别后悔！"

然后对那些差役说："给我拆房扒屋，拿木头去顶人头税！"

几个差役好像有备而来，手里本来已拿着锹镐，听得小吏一声令下，锹镐齐挥。吓得雪芹妻子赶紧从屋里跑出来阻拦，哭喊着说："官爷，使不得，你们扒了我的房子，这十冬腊月天，让我们到哪里去避风寒？你们先请回，我家相公明日一早准到你们老爷府上去画牌楼。"

如狼似虎的小吏说："好，就信你一回，明天早晨要是不去，看我怎么处罚你们！"

说完，一伙人扬长而去。

夜晚，妻子苦苦劝说曹雪芹："你要是硬别着不去，他们要是真把房子扒了，一家人到哪里去住哇？"想想也是：自己要是一个人，完全可以不理他们，房

子没了，浪迹天涯去岂不是更好！可是一家大大小小没了房子怎么得了？

万般无奈，第二天，曹雪芹不得不来到县太老爷的家里，一连气画了5天，终于画好了牌楼。可是，曹雪芹由于气血攻心，回家后，大病了一场。

实际上，曹雪芹完全可以不必这么穷困和痛苦。如果他能够稍微随俗一点，如果他肯于走一些高官显宦的门子，如果他肯于写一些皇帝、娘娘、老爷、夫人们喜欢的"供奉""应对"之作，如果他不是那么狂傲不羁，凭他那无与伦比的卓越才华，超越乾隆皇帝最宠爱的词臣沈德潜之辈是绰绰有余的。这位沈德潜是乾隆的重要御用文人之一，与乾隆爷唱和颇多，深得乾隆爷的宠幸。

曹雪芹与沈德潜是同时代人，雪芹的天资远远超过沈德潜，一个是皇帝面前的宠臣，一个是食不足以果腹，衣不足以御寒的穷酸文人。而这穷困潦倒的文人竟放弃了到皇家画苑去做画师的"苑召"。

不知怎么搞的，雪芹的一幅松竹图流传到了宫里的皇家画苑。画苑的管事觉得雪芹的画画得不错，想请他到画苑去做画师。

雪芹想：到画苑去，有固定的生活收入可以解决一家人的生计问题固然好，可是，我画画往往是兴之

所至，有感而发，那些应制的作品，我画不来。别再像唐代宫廷画家阎立本似的，得罪了皇上，落得个没得功名先蒙羞的下场，反倒不值得了。哪如我这无拘无束，闲云野鹤似的生活来得自在逍遥。于是回掉了画苑的聘请。

这件事在曹雪芹的家庭内外引起了轩然大波。

有些好心的人看雪芹的生活这么清苦，就规劝曹雪芹说："你可千万别发呆，哄得皇上娘娘高兴你就得飞黄腾达。"

可曹雪芹却回答得更干脆："那皇帝娘娘要是不满意我，赏我一副白绫怎么办？"

说得那些劝他的人都悻悻地走了。

雪芹的夫人听说这件事儿后，也很不理解，苦劝曹雪芹说："我们家已穷困到这步田地，你即使不为我想，也要为孩子想一想，总得给他一顿饱饭吃啊！"

雪芹说："夫人啊！我现在是只为写书，不为画画，到了画苑后，我是只能画画，不能写书。不让我写书，我毋宁死！别人不理解我难道夫人你还不理解我吗？"

夫人说："我是饿昏了头，才说的混话，还望官人多多谅解。"

一席话，说得雪芹泪流满面。"想我七尺男儿，竟不能养家活口，罢！罢！罢！我还是到画苑去吧！"

夫人赶紧说："相公啊！不能。把你放到画苑，犹如把一只苍鹰圈到笼子里，不饿死也得困死。莫如我们薄粥粗食，你去完成你的大事吧！"

就这样，曹雪芹苑召不至，苦守清贫。时人认为他不是疯子就是傻瓜。可是在同道者眼里，雪芹是个超凡脱俗千古难遇的奇人。

关于这点，雪芹的好友张宜泉写了一道《题芹溪居士》的诗，诗中写道：

　　爱将笔墨逞风流，庐结西郊别样幽。
　　门外山川供绘画，堂前花鸟入吟讴。

羹调未羡青莲宠，苑召难忘立本羞。

借问古来谁得似，野心应被白云留。

诗中以唐代大诗人李白和大画家阎立本来作比，两个人都是稀世的天才。他们奉召为皇帝、贵妃作"供奉""应制"的作品，无非是为皇帝、贵妃作点缀、消遣用的，或暂得宠幸、旋遭迫害，未得荣誉先得羞。曹雪芹未效李白和阎立本，苑召不至，和山间的白云相伴，和林中的鸟雀为邻，继续着他的撰写、修改《红楼梦》的伟大事业！

傲立千古一芹翁

不要刻意地想留下什么，让历史去甄别。君不见：尔曹身与名具灭，不废"红楼"万古流。

——作者题记

乾隆二十八年（公元1763年），连着两年大涝之后，又遇上了多年不遇的大旱，百姓的日子过得十分艰难。雪芹家的日子本来就捉襟见肘，再遇上这饥荒年月，就更难挨了。雪芹的身体也大不如前。

这一年的春末夏初，北京地区痘疹流行，祸及千家万户。从三四月份直到十月底，儿童死于痘疹的不计其数。诗人蒋士铨有一首诗这样叹道：

三四月交十月间，九门出儿万七千；
郊关痘殇莫计数，十家襁褓一二全！

敦诚也这样记载道："燕中痘疹流疫，小儿殇此者几半城，棺盛帛裹，肩者负者，奔走道左无虚日。"可见这

次痘疹来势之凶猛。祸害之惨烈。仅敦诚一家就有5人死于痘疹，张宜泉家兄弟两人4个小孩仅存一个。

居住在京郊西山的曹雪芹也难逃此厄运：雪芹唯一的爱子，前妻留下的儿子也染上了痘疹。这个孩子非常聪明懂事，颇像幼时的曹霑，雪芹怜他没有母亲，所以对他十分珍爱。

曹雪芹日夜守在病儿的身旁。看见爱子烧得满脸通红，呼吸急促，雪芹心似油煎，他多么想以自己的病弱之躯来代替儿子呀！

他听说犀角、珍珠、牛黄能治痘疹，然而此时雪芹家饭都吃不饱，哪里有钱买如此昂贵的药？他一下子又想到了那两幅被张宜泉截下的画。以前家里即使穷得揭不开锅，宁可饿着，他也舍不得卖这两幅画。

那里面有对先人的思念，那里面珍藏着朋友的情谊。如今顾不了那么许多了，他用那两幅画，换来了犀角、牛黄、珍珠。雪芹亲自为小儿煎汤喂药。可是病儿此时连张嘴的力气都没有了，灌进去的药都从嘴角溢了出来，雪芹苍老的声音嘶哑着对爱子说："儿啊，吃吧，吃下去就好了。没有你，爸爸可怎么活啊！苍天啊，我求求你，救救我的儿子吧！"

曹雪芹的悲呼，终于没有唤回爱子。爱子去了，雪芹垮了。

在村外小山坡上的一座新起的小坟前，常常可以看见一个形单影只的人，或仰天长叹，或低首徘徊，或伤心落泪，萧飒的秋风裹挟着枯叶衰草，抽打在他的身上、脸上，他都浑然不觉，雪芹真的有些麻木了。

常言道："忧能伤人"，再加上自从乾隆幸临永璇府，搜出《石头记》事件后，官府对曹雪芹这个思想不轨，言论狂悖的罪臣之子看管得更加严厉了。内忧外患的煎熬下，雪芹病倒了。

平时本已就是"举家食粥"了，再加上唯一的顶梁柱又病倒了，雪芹家的日子更艰难了。不要说医药治疗和增加营养，就连最基本的温饱都解决不了，雪芹的病情日渐严重，到了冬月，连走出屋门都困难了。

雪芹意识到：自己的病可能是好转无望了，可是自己的夙愿未了，不能这样一走了之，必须加快进度。有时，他一天吃不上一顿饭，却每天写作达十几个小

时。这样的辛劳连健康的人都受不了，何况是一个病弱之躯，妻子哭着劝他："相公啊，你歇一歇吧！这样熬下去，身子怎么受得了哇？万一你走了，我可怎么办呢？"

雪芹看见妻子哭得和个泪人似的，不禁心如刀绞，对妻子说："自从你嫁给我后，没过上一天好日子，挨饿受冻，真是苦了你了，我对不起你，你对我们父子的恩情我只有来生再报了！"

说完夫妻二人抱头痛哭！

曹雪芹就这样在贫病交加，饥饿冻馁的情形下，继续着写作《石头记》的伟大事业。这是多么顽强的毅力啊！如果没有真正的伟大精神和十分强烈的内心

驱动力,写出这样一部旷古未闻、惊世骇俗的百万言
巨著,那是断断不可能的。所以,曹雪芹不仅是"疯
子""傻子",实在也是一位英雄!

雪芹又是个性情中人,写书犹如亲历。书中人物
高兴,他就快乐,书中人物痛苦,他亦悲伤,写到极
痛处,雪芹也恸哭不止,眼泪打湿了衣衫,如此大贫
大病,大喜大悲,本来就羸弱不堪的身体如何经受得
住,乾隆二十八年癸未的春节前夕,公元1764年2月1
日,当别人家正在香烟爆竹,和乐融融,欢度除夕时,
一代文学巨匠曹雪芹在极其凄凉悲惨的情境下,怀着
"书未成"的遗恨,"泪尽而逝!"

曹雪芹就这样去了。身后只遗下一位后续的夫人,

几间破败的草房，一堆未完成的书稿，实在是萧条凄惨。雪芹的妻子在雪芹朋友们的帮助下，安葬了他。西山某处，一抔黄土伴着衰草寒烟，就是这位文学巨人的归宿。

给人类留下千古享用不尽的宝贵的精神财富的一代文学巨匠，竟然凄苦一生，中年而逝，我们不禁要质问苍天：公理何在？天道何在？

雪芹的离去，痛极了亲人和朋友们。为《红楼梦》撰批的脂砚斋，经常到雪芹的坟上哭祭。乞求造物主再创造一个曹雪芹。

雪芹的密友敦诚为悼雪芹，写了两首挽诗，其中一首这样写道：

四十萧然太瘦生，晓风昨日拂铭旌。

肠回故垅孤儿泪，泪迸荒天寡妇声。

牛鬼遗文悲李贺，鹿车荷锸葬刘伶。

故人欲有生刍吊，何处招魂赋楚蘅！

那一片凄凉悲惨，刻骨怀念之情尽在纸上。

雪芹的亲人朋友们如此地怀念他，可是封建势力却是恨透了曹雪芹和他的《石头记》，百般诋毁和辱骂曹雪芹，说他是"邪说诐行之尤"，死后还在地狱中受苦难煎熬。甚至连曹雪芹先生中年丧子的人生大痛之事都被他们说成是罪有应得，是一件让他们十分高兴的大快事，把《红楼梦》归到"淫书浪词"一类，限制刻印阅读和流传。

曹雪芹一生穷愁坎坷，没享到伟大文学家的声望和荣誉，死后还遭到如此的诽谤和排斥，这恐怕是曹雪芹资料流传甚少的重要原因之一。说一句套话罢——乌鸦的翅膀怎能遮住太阳的光辉。后世

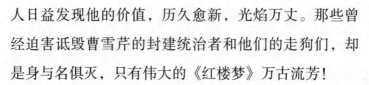

人日益发现他的价值，历久愈新，光焰万丈。那些曾经迫害诋毁曹雪芹的封建统治者和他们的走狗们，却是身与名俱灭，只有伟大的《红楼梦》万古流芳！

雪芹生前穷困愁苦，死后萧条，只留下一部半残之稿《红楼梦》，却把个中华文坛乃至世界文坛搞得个轰轰烈烈、沸沸扬扬，原因何在呢？

列宁在《列夫·托尔斯泰是俄国革命的镜子》这篇著名的论文中指出："如果我们看到的是一位真正的伟大的艺术家，那么他就一定会在自己的作品中至少反映出革命的某些本质的方面。"正如列宁所言，曹雪芹的伟大之处正在于他通过《红楼梦》这部小说，艺术地再现了康乾盛世，也就是封建社会末期多重的社会矛盾，通过对荣、宁二府为代表的贾、史、王、薛四个封建大家族的衰亡过程的描写，形象地展示出了封建社会必然灭亡的历史趋势，表现出作者对现实生活的深恶痛绝以及向往自由的幻想和理想。《红楼梦》以巨大的艺术感染力和高度的典型概括力，写出了行将灭亡的封建社会潜伏着深刻的危机和错综复杂的社会矛盾，勾画出了各式各样人物的嘴脸，描摹了世态人情的各个侧面，具有深刻的历史意义和高度的艺术成就。

综观中华2000多年的文化史，没有一部书能像

《红楼梦》这样引起巨大的反响，200多年来，研究和评论《红楼梦》的著作汗牛充栋，历久不衰，形成一门专门的学问——红学，致有"开谈不说《红楼梦》，读尽诗书也枉然"的谚语流传。

　　《红楼梦》以其深刻的思想内涵和高度的艺术成就，倾倒了后世人。曹雪芹的名字，将同他用血泪浇灌的伟大的作品——《红楼梦》一起，在中国乃至世界文学之林中永远绽放着奇异的光彩！

曹雪芹生平简表

曹雪芹，雍正二年闰四月二十六日未时生。

乾隆五年，康熙朝废太子胤礽之长子弘皙谋立朝廷，暗刺乾隆，事败。雪芹家父被牵累，再次被抄没，家遂破败。雪芹贫困流落。曾任内务府笔帖式。

乾隆十九年，《脂砚斋重评石头记》初有清抄定本（未完）。

乾隆二十年，续作《石头记》。

乾隆二十一年，脂批于第七十五回前记云："乾隆二十一年丙子五月初七日对清。缺中秋诗，俟雪芹。"是为当时书稿进度情况。脂砚斋实为之助撰。

乾隆二十二年，友人敦诚有《寄怀曹雪芹》诗。回顾右翼宗学夜话，相劝勿作富家食客，"不如著书黄叶村"。此时雪芹当已到西山，离开敦惠伯富良家（西城石虎胡同）。

乾隆二十三年，友人敦敏自是夏存诗至癸未

年者，多咏及雪芹。

乾隆二十四年，今存"乙卯本"《石头记》抄本，始有"脂砚"批语纪年。

乾隆二十五年，今存"庚辰本"《石头记》，皆"脂砚斋四阅评过"。

乾隆二十六年，重到金陵后返京，友人诗每言"秦淮旧梦人犹在"，"废官颓楼梦旧家"，皆隐指《红楼梦》写作。

乾隆二十七年，敦敏有《佩刀质酒歌》，纪雪芹秋末来访共饮情况。脂批"壬午重阳"有"索书甚迫"之语。重阳后亦不复见批语。当有故事。

乾隆二十八年，春二月末。敦敏诗邀雪芹三月初相聚（为敦诚生辰）。未至。秋日，受子痘殇，感伤成疾。脂批："……书未成，芹为泪尽而逝；余尝哭芹，泪亦待尽……"记之是"壬午除夕"逝世，卒年39岁。

乾隆二十九年，敦诚开年挽诗："晓风昨日拂铭旌"，"四十萧然太瘦生"，皆为史证。